書ける！ 伝える！ 連携する！

円滑な チームケアのためのケアマネ文章術

改訂3版

著 原田 保
（ケアプランナーみどり）

第一法規

はじめに

　高齢化社会から超高齢社会へと推移する中、新たな社会保障制度として2000年に介護保険と介護支援専門員（以下、ケアマネジャー）が誕生しました。

　ケアマネジャーは、制度利用者のケアプラン作成を主とし介護、医療、保健、福祉分野の制度、地域のインフォーマルサービスを活用し、利用者の自立した生活をマネジメントしていく相談援助職として位置づけられました。サービスの自己選択、自己決定を謳う介護保険制度の要ともいえるポジションです。

　私は制度開始以来、ケアマネジャーとして働いてきましたが、当時の自分を振り返ると、コミュニケーション技術にしても書類作成にしてもかなり未熟だったと思います。その後さまざまな経験を重ね周囲の助言を受けながら、ケアマネジャーに必要な対応力・文章力を学んできました。

　以前ケアマネジャーの法定研修講師を務めていた時、よく受講生から「短期目標はこの書き方でいいですか？」「利用者の意向はこんな表現でいいのでしょうか？」といった質問を受けました。このことから、多くのケアマネジャーが「書き方」に苦慮していると感じました。私の経験をどのように伝えればよいのか、私なりに探し続けて「思考の整理」という言葉にたどり着きました。質問してくる人のほとんどが、「頭ではわかっているのですが、どう書いていいかわからないのです」と前置きします。頭でわかっているのならそのまま書けばよさそうですが、それが難しいという受講生の声から私は、文章にする前にまず頭の中（思考）を整理することが重要なのだと気がつきました。思考を整理し、次の作業としてその整理した内容を文字（文章）にしていくのです。つまり、文章を書くことは「思考を整理し、文字に変換する作業」であるということなのです。

　本書では、この考えをベースに居宅サービス計画書や他職種との書面による連絡（連携）など、「文章」が必要なさまざまな場面を具体的に想定し、明日からすぐに使えるよう、実践的な解説を心がけました。皆様の業務の一助となれば幸いです。

2019年8月

原田　保

改訂3版　発行にあたって

　2000年に介護保険が始まって以来、7度目の報酬改定が行われた2024年4月。今回は6年に1度の医療・介護の同時改定。また障害福祉制度を合わせるとトリプル改定でした。

　まず、業界に激震が走ったのは訪問介護のマイナス改定でした。「誰もが最期まで住み慣れた家で」を掲げる地域包括ケアシステム。この理念を遂行するうえで訪問介護は欠かせないサービスといえます。しかしヘルパーの高齢化、人手不足、人材確保は深刻であるにもかかわらず訪問介護はマイナス改定という結果でした。今後、ヘルパーの人手不足に拍車がかかり、廃業に追い込まれる訪問介護事業所の増加が懸念されます。

　人手不足という点ではケアマネジャーも同様で、有効求人倍率は4倍ともいわれています。

　では今回、ケアマネジャーの報酬はどのように改定されたのでしょうか。基本報酬は以下の通りです。

◇居宅介護支援（Ⅰ）（ⅰ）、（Ⅱ）（ⅰ）
要介護1・2　　：1,076単位　⇒　1,086単位　（0.9％増）
要介護3・4・5：1,398単位　⇒　1,411単位　（0.9％増）
それぞれ10単位増と13単位増となっています。

　次に特定事業所加算を見てみましょう。
◇特定事業所加算（Ⅰ）：505単位／月　⇒　519単位／月　（2.8％増）
◇特定事業所加算（Ⅱ）：407単位／月　⇒　421単位／月　（3.4％増）
◇特定事業所加算（Ⅲ）：309単位／月　⇒　323単位／月　（4.5％増）
◇特定事業所加算（A）：100単位／月　⇒　114単位／月　（14％増）
いずれも14単位増となっています。訪問介護の基本報酬減を考えれば明らかな報酬増であったといえます。

　他の加算を見てみましょう。
◇入院時情報連携加算（Ⅰ）
200単位／月　⇒　250単位／月

◇入院時情報連携加算（Ⅱ）
100 単位 / 月　⇒　200 単位 / 月

　単位数は変わらないものの算定要件が一部緩和されたり拡張されたりした加算もあります。
　ターミナルケアマネジメント加算は対象疾患を癌以外の疾患や老衰も算定の対象となり、通院時情報連携加算は、情報収集先に歯科医師からの情報収集でも算定可能となりました。
　逆に要件が厳しくなった加算もあります。特定事業所医療介護連携加算は年間のターミナルケアマネジメント加算の算定回数が 5 回以上から 15 回以上へと変更されました。

　これらからいえることは単位数だけ見ればケアマネジャーは総じてプラス改定がされたということです。
　しかしながら、今回のケアマネジャー報酬増は、昨今の物価高騰による価格上昇に比例しているとは言い難い状況です。やはりケアマネジャーの人材不足に歯止めをかける制度改正とはいえないでしょう。

　一方で、テレワークが推進されていることや 2023 年に運用が始まったケアプランデータ連携システムなどにより、コロナ禍にもましてケアマネジャーの業務負担軽減や働き方、雇用のあり方は、大きな変革期に差しかかっているのではないでしょうか。
　しかし、ケアマネジャーの本質は相談援助を軸とした自立支援にあります。これは制度施行以来、一貫して変わりません。
　介護報酬増の問題は制度の維持、次の世代のケアマネジャーのためにも不可欠な課題であると思いますが、このケアマネジャーの本質を肝に銘じて日々の仕事に取り組むことが肝要です。その際に本書が業務に欠かせないケアプランや、「ほう（報告）、れん（連絡）、そう（相談）」をスムーズに促す一助となることを願っております。

2024 年 11 月

原田　保

Contents

はじめに
改訂3版　発行にあたって

第1章 伝わる！文章の基本

書類の目的とは
　①法的根拠と役割……10
　　　Column 誰のために、何のために、どんな想いで書く？……15

「伝える」書類を効果的・効率的に「書く」には
　②文章を書く前に……16
　③「誰が」「何を」を明らかにする……18
　④5W1Hを意識する……20
　　　Column 最大の敵は苦手意識かも……21
　⑤文章を読みやすい長さにする……22
　　　Column コミュニケーションを円滑にするクッション言葉……25
　⑥読む人に合わせて書き方や表現を工夫する……26
　⑦主観と客観を区別する……28
　⑧利用者と家族の想いを表現する……30
　　　Column 第1表の「利用者及び家族の生活に対する意向を踏まえた課題分析の結果」改正について……33
　⑨正確に記録する……34
　⑩具体的に書く……36

Column 2024年報酬改定から見る居宅介護支援事業所の未来予想図……37
　⑪ 個人情報とプライバシー…… 39
　⑫ 時短できる記録のコツ…… 42
　⑬ 書いたあと読み返す…… 44
　　　Column 相手に行動変容を起こしてもらうには……… 45

医療・他職種と上手に「つながる」文章とは
　⑭ つながるための文章で意識したいこと…… 46
　⑮ 手紙のマナー……… 48
　⑯ FAXのマナー……… 50
　⑰ メールのマナー……… 52
　⑱ SNSのマナー……… 55

第2章　書ける！実践ケアプラン

各種様式の目的と書き方のポイント
　① アセスメントシート……… 58
　② 居宅サービス計画書(1)(第1表)……… 66
　③ 居宅サービス計画書(2)(第2表)……… 72
　　　Column TAISとは……… 82
　④ 週間サービス計画表(第3表)……… 84
　⑤ サービス担当者会議の要点(第4表)……… 88
　⑥ 居宅介護支援経過(第5表)……… 94
　⑦ モニタリング記録……… 97

Column オンラインモニタリング……99
⑧課題整理総括表及び評価表……101
⑨介護予防サービス・支援計画書……104
Column ケアマネジャーと医療連携……120

第3章 上手に連携！するために

連携とは何か
①ケアマネジャーは連携の要……122

職種別文書作成のポイント
②主治医への文例……124
③歯科医への文例……132
　Column 歯科医との連携について……133
④訪問看護師（ステーション）への文例……135
⑤リハビリ職への文例……140
　Column バーンアウトしないために……142
⑥薬剤師への文例……143
⑦MSW（医療ソーシャルワーカー）への文例……145
　Column MSWはケアマネジャーの強い味方……148
⑧地域包括支援センターへの文例……149
⑨緊急時・災害時の利用者・家族への文例……151
　Column 災害時の個人情報の取扱いについて……154

おわりに

第1章

伝わる！
文章の基本

居宅サービス計画書の作成、居宅介護支援経過の記録、関係機関との連絡調整など、ケアマネジメント業務と文章作成は切り離すことができません。本章では、「伝わる文章」を書くために必要な文章の基本を学びます。

書類の目的とは

1 法的根拠と役割

　ケアマネジャーの仕事は、ケアマネジメントプロセスに則ったケアプランの作成を通して、利用者・家族の生活をサポートすることです。具体的には、利用者・家族とのインテーク面接に始まり、アセスメント、サービス担当者会議を経て自立支援に向けたケアプランを作成します。そして、そのプランの効果を定期的にモニタリング・評価し、改善・見直しの必要があれば再度アセスメントを行い、サービス担当者会議を開催します。

書くことは煩わしい？

　この一連の流れがケアマネジメントプロセスとなりますが、このプロセスには利用者・家族との面談、病院や施設への訪問、各関係機関との連絡調整といったさまざまな業務があります。そして、ケアマネジャーはこれらの業務を「いつ」「どのように」行い、その結果「どうなったか」を各書類に書き残さなければなりません。

　例えば、訪問して面談を行った時は、「居宅介護支援経過」に面談の内容を記録します。サービス担当者会議を行った場合は、「サービス担当者会議の要点」に話し合った内容を整理します。さらに、サービス担当者会議を行って決定したケアプランは、「居宅サービス計画書」に書くことになります。

　これら事務的な書類を作成する、記録を書く、連携先への依頼を手紙、FAXなどで送るという業務はことのほか時間を割かなくてはならないため、日々の業務の圧迫につながっていると感じているケアマネジャーも多くいると思います。

　また、本書を手に取られたケアマネジャーの皆さんは、この「文章を書く」ということに少なからず苦手意識をもっていたり、煩わしさを感じたりしているのではないでしょうか。そういう私も時間を割かなくてはならないという点では「文章を書く」のはとても面倒、というのが本音です。

　しかし、必要な書類を作成しなかったり、記録を書かずにサービスが実施されたりしたらどうでしょうか。モニタリングをしてもその記録を残していなかったらどうなるでしょうか。訪問面談を行ってもその日時や場所、内容などが支援経

過記録に残っていなかったとしたら、自分たちが行ってきたケアマネジメントプロセスをどのように示せるのでしょうか。

さらに、どれだけすばらしいケアマネジメントをしていたとしても、行政の指導や監査が入った時に書類や記録が残っていなければ、ケアマネジャーとして適切な仕事をしたと証明することができず、不正請求として介護報酬の返還を求められたり、場合によっては事業所の指定取消しなどにつながったりしてしまうかもしれません。

もちろん、書類の作成や支援経過記録の記載は指導や監査のためだけに行うものではありません。最も重要なことは、利用者・家族にとってよりよい支援が提供されるために書類や記録を書き残し、共有するということです。

義務としての記録

居宅サービス計画の作成もサービス実施状況のモニタリングも面談記録も、すべてケアマネジャーが行わなければならない法的な義務です。したがって、これらがきちんと文章として残っていなければ当然、指導の対象となると同時にコンプライアンスの視点からも大きな問題となります。

「書類作成に追われて利用者さんと向き合う時間が十分に取れない」と悩んでいるケアマネジャーを見かけます。私もその気持ちはよくわかります。しかし、利用者・家族と向き合うことと同じように、「文章を書く」ことは、私たちケアマネジャーにとって、仕事の経過や成果をきちんと立証するためのものであり、法的な義務を果たすためにも大切な業務なのです。

また、わかりやすい文章で書かれた書類は利用者・家族に制度の理解を深めてもらうために使うこともできます。例えば、介護保険制度は利用者の自立を支援するためのものですが、利用する側からすると、むしろ利便性のよい安価なサービスという認識のほうが強いのではないでしょうか。自立支援の意味や目的を居宅サービス計画書に記載し、説明することができれば、介護保険制度の理念を正しく理解してもらうためのツールにもなるでしょう。

私たちケアマネジャーには、ケアマネジメントプロセスという業務の過程を居宅サービス計画書や居宅介護支援経過といった様式に記載し、残すという義務があることを、ここでもう一度確認しておきましょう。

主な書類の役割と根拠

主な書類	役割	根拠	様式の有無
アセスメントシート	居宅サービス計画書を作成するために、利用者の心身状態、生活歴、病歴、経済力、家族関係などを把握することを目的としたシートです。ADL、IADLなど厚生労働省が定める23項目を網羅する必要があります。	運営基準第13条7号、第29条2項二ロ	なし
居宅サービス計画書(1)（第1表）	アセスメントで得た情報を元に利用者、家族の生活に対する意向と今後の支援の方向性をまとめた様式です。利用者とサービス提供事業所に交付することも定められています。	運営基準第13条8号、第13条11号、第29条2項二イ	あり
居宅サービス計画書(2)（第2表）	サービスの内容を具体的に示します。 利用者、家族の生活に対する課題を導き出し、そのニーズ解決のために長期、短期目標を設定します。 ニーズ、長期目標、短期目標、サービス内容に一貫性があるかどうかがポイントです。 「まずサービスありき」の計画書にならないように気をつけましょう。	運営基準第13条8号、第13条11号、第29条2項二イ	あり
週間サービス計画表（第3表）	1週間の支援内容を記載します。 利用者や家族はもとより他の職種の人が見ても全体像が把握しやすい様式です。	運営基準第13条8号、第13条11号、第29条2項二イ	あり
サービス担当者会議の要点（第4表）	居宅サービス計画書の情報共有と意見交換のうえ、合意を図るサービス担当者会議で、それぞれの立場から必要性と方向性を話しあった結果をまとめたものです。	運営基準第13条9号、第29条2項二ハ	あり
居宅介護支援経過（第5表）	ケアマネジメントの過程を記載します。家族の思い、サービス担当者会議の実施記録、サービス内容の変更などを時系列に沿って記載します。	厚生労働省通知「介護サービス計画書の様式及び課題分析標準項目の提示について」（平成11年11月12日老企第29号）	あり
モニタリングシート	毎月行うモニタリングの結果を記録します。 提供したサービスによって目標が達成されているかどうかを確認し、結果を記載します。	運営基準第13条14号、第29条2項二ニ	なし
課題整理総括表	サービス担当者会議のような多職種で話し合う場において、要介護者等の基本的な情報を共有しやすくすることを目的としてつくられた様式です。また、職場におけるOJTなどにも活用が期待されている様式です。	厚生労働省「「課題整理総括表・評価表の活用の手引き」の活用について」（平成26年6月17日事務連絡）	あり

| 評価表 | 居宅サービス計画書（第2表）、短期目標の設定期間終了時に、目標の達成度合いを評価するために作成された様式です。目標達成に向けて各サービスにどのような役割を求めていたのかを再確認し短期目標の内容を見直す様式となっています。
課題整理総括表同様、サービス担当者会議など多職種で検討する場で有効的に活用してください。 | 厚生労働省「「課題整理総括表・評価表の活用の手引き」の活用について」（平成26年6月17日事務連絡） | あり |

■ 参考法令

指定居宅介護支援等の事業の人員及び運営に関する基準

（平成11年厚生省令第38号）最終改正：令和6年1月25日

（記録の整備）

第29条　指定居宅介護支援事業者は、従業者、設備、備品及び会計に関する諸記録を整備しておかなければならない。

2　指定居宅介護支援事業者は、利用者に対する指定居宅介護支援の提供に関する次の各号に掲げる記録を整備し、その完結の日から2年間保存しなければならない。

一　第13条第13号に規定する指定居宅サービス事業者等との連絡調整に関する記録

二　個々の利用者ごとに次に掲げる事項を記載した居宅介護支援台帳

　イ　居宅サービス計画

　ロ　第13条第7号に規定するアセスメントの結果の記録

　ハ　第13条第9号に規定するサービス担当者会議等の記録

　ニ　第13条第14号に規定するモニタリングの結果の記録

三　第13条第2号の3の規定による身体的拘束等の態様及び時間、その際の利用者の心身の状況並びに緊急やむを得ない理由の記録

四　第16条の規定による市町村への通知に係る記録

五　第26条第2項の規定による苦情の内容等の記録

六　第27条第2項の規定による事故の状況及び事故に際して採った処置についての記録

※運営基準では保存期間は完結の日から2年間となっていますが、市町村条例で5年間としているところが多いようですから、必ず事業所のある自治体の保存期間を確認しましょう。

書類の目的

① 利用者・家族のために
　利用者の自立支援だけでなく、介護する家族等にとってもよりよい支援を提供するための情報共有として書き残す。

② チームケア実践のために
　かかわるサービス提供事業所や医療機関、行政などからの報告や対応、結果を必要に応じて情報提供するために書き残す。

③ 事業所内でスムーズに引き継ぎをするために
　自分が対応できない時などに、他のスタッフが支援経過記録を読んで判断し、対応できるようにするために書き残す。

④ 自己研鑽のために
　作成した居宅サービス計画書や支援経過記録などを用いて事例検討を行ったり、自分自身の仕事の振り返りを行ったりするために書き残す。

⑤ 適切なケアマネジメントを行っていることの証明とするために
　運営指導を視野に入れ、適切なサービス提供を行っていることを明らかにするために書き残す。

　以上の目的を達成するために書類を残しておく必要があるのです。

ここがポイント

- ケアマネジャーが書くそれぞれの書類（手紙、FAXなども含め）はすべてケアマネジメントの過程である。
- 記録は法的義務とはいえ、指導・監査のためよりもまず、利用者・家族のために書くことが本来の目的であると意識する。
- 書類ごとの法的根拠を理解して書く。

> **Column**

誰のために、何のために、どんな想いで書く？

　皆さんは、誰のためにケアプランを書いていますか。当然「利用者さんのため」ですね。

　では、何のためにケアプランを書くのかという問いにはどう答えますか。「運営指導や監査のため」という声もわずかながら聞こえてきそうです。ケアプランの作成、交付は介護保険上ケアマネジャーの義務として位置づけられていますから、「運営指導や監査のため」という答えは決してネガティブなものではなく、大切な視点です。

　さらに、どのような想いで書いていますか、と尋ねられたらどうでしょう。私は、この「どのような想いで書くか」がケアマネジャーにはとても重要な視点だと思っています。その理由は、以前受講した研修の講師が、「私は夫にも書いたことがないのですが、ラブレターを書くような気持ちでケアプランを書いています」と話されたのを聞き、何とすばらしい感性だろうと思ったからです。

　ラブレターには相手を「思いやる」気持ちが込められています。ADLや薬を聞き取っただけでラブレターが書けるでしょうか。事務的にシートを埋めるアセスメントでラブレターは書けません。相手の想いをきちんと把握するためのアセスメントが必要なのです。結果的に、アセスメント自体の質も上がります。

　利用者のために書く、義務だから書く、これも大事なことです。しかし、私たちはケアプラン作成を事務的にこなすだけではなく、ケアマネジャーである自分自身が、相手を「思いやる」気持ちをもって業務にあたっているのだということをもう一度確認しましょう。そして、それらを意識して文章を書いてください。

「伝える」書類を効果的・効率的に「書く」には

2 文章を書く前に

　私たちは日々の業務の中でさまざまな文章を書いています。読み手は利用者、家族、医療者、介護スタッフや、事業所のスタッフなども想定されます。誰が読み手であってもわかりやすく伝わりやすい文章を書くために、基本的なことを確認しておきましょう。

　文章は多くの単語で構成されています。私たちは単語を組み合わせ、句点「。」で区切って文として読みやすくしています。単語はそれぞれ名詞、動詞、形容詞などの役割を与えられていて、それらを順序よく並べ、整えることで文章として成り立つのです。

　ここでは、そもそも文章がどういった構造になっているのかについて、いま一度考えてみたいと思います。

文章はパズルのようなもの

　小学校高学年か中学生頃の国語の授業を思い出してみてください。
　まず単語というものがあります。単語はひとつの文を細かく分けた最小単位です。例えば、

> 今日はよい天気です。

は、「今日 / は / よい / 天気 / です /」というように5つの単語で構成されています。文章はこのように意味のある単語をつないで、全体で1つの事柄を表します。ここで大事になってくるのが単語の順番です。

例えば、

> 体調が悪そうだったので医師に電話をかけた。すると、解熱剤を飲ませて安静にさせるように指示が出た。そこで、家族に電話し伝えた。

①体調が悪そうだったので医師に電話をかけた。
②すると〔接続語〕
③解熱剤を飲ませて安静にさせるように指示が出た。
④そこで〔接続語〕
⑤家族に電話し伝えた。

というように、この文章は①③⑤の3つの文を②④の接続語を使ってつなぎ、構成されています。

この文章は一つひとつの行動や反応を時系列に並べることで一連の流れを表しています。文章を書くことが苦手な人も、できごとを時系列に並べるだけであれば何の抵抗もなく書けると思います。

文章を書くといっても、私たちは小説や論文を書くわけではありません。あまり難しく考えず、気持ちを楽にして「ただ書く」というだけのこととまずは捉えてください。シンプルに言えば、見たまま聞いたままの事実・事柄を単語で書き出し、それらを順序よく並べ替えるだけ。ちょっとしたパズルのようなものだと考えて、少しずつ慣れていってください。

ここがポイント

- あまり難しく考えずに、書くことに少しずつ慣れていこう。
- 文章は見たまま聞いたままを順序よく並べるだけのパズルのようなものと考えよう。

> 「伝える」書類を効果的・効率的に「書く」には

3 「誰が」「何を」を明らかにする

17ページの文章をもう一度見てみましょう。「体調が悪そうだったので医師に電話をかけた。すると、解熱剤を飲ませて安静にさせるように指示が出た。そこで、家族に電話し伝えた。」

書いた本人にとってみれば、その内容が十分にわかる文章でしょう。

しかし、この文章には欠けているものがあります。それは「主語」と「目的語」です。

意外と抜けやすい主語や目的語

主語とは行動や発言の主体となった人物、物事を示す部分です。支援経過記録などで、ケアマネジャー自身の行動や発言は、文章を書いている本人にとっては自明のことであるため、主語を略すことが多いのですが、わかりにくい場合は明記したほうがよいでしょう。

先の文章でいうと、まず体調が悪そうだと感じたのは誰でしょうか。そして体調が悪かったのは誰でしょうか。

この支援経過記録を書いたのがケアマネジャーであれば、体調が悪そうだと思ったのはケアマネジャー本人でしょうし、具合が悪そうだったのは利用者だったことはほぼ確実です。ですから、担当のケアマネジャーはそこまで書かなくても当然の事実として（わかるものとして）書いたのでしょう。

では、この文章に主語や目的語を加えてみましょう。

私が訪問すると**Aさんの**体調が悪そうだったので、**主治医であるB先生**に電話をかけた。すると**B先生から**解熱剤を飲ませて安静にさせるように指示が出た。そこで**介護者である長女Cさん**に電話し、**B先生からの指示**を伝えた。

「私が」という主語が明記されたことで行動の主体がケアマネジャー自身であることがわかるようになりました。「主治医であるB先生」は「電話をかけた」の目的語になり、「長女Cさん」は「電話し、伝えた」の目的語になります。

文章としては、少し長くなりますが、「誰が・誰に・何を・どうしたのか」を明確にすることで、第三者が読んでもわかりやすい、伝わる文章になりました。このように主語や目的語を具体的に記載しておけば、他のスタッフが読んだ時に「誰が何を行い、その結果を誰にどのようにしたか」がはっきりします。

主語や目的語は文章を書く時に意外と抜けやすいということを気に留め、ふだんから意識しておくとよいでしょう。

ここまでの内容を踏まえて次の支援経過記録の文章を見てみましょう。

最近食事量が減っており、痩せが目立ってきてしまっている。その原因として義歯が合っていないのではないか？と報告がきている。

⬇ 主語を入れ、具体的な表現を心がけましょう。

Aさんは最近食事量が以前の半分以下になってしまい、体重も3か月で3キロ減った。デイケアの担当者からは、食事の様子を見ていると義歯が合っていないように思われると報告があった。

ここがポイント

- あいまいな文章にしないために、できるだけ主語を意識して書こう。
- 支援経過記録のように行動を記録する時は主語を略すことも多いが、わかりにくい場合は明記が必要。

「伝える」書類を効果的・効率的に「書く」には

④ 5W1Hを意識する

伝わる文章にするために、他にどのような工夫があるでしょうか。

文章の要素として、5つのWと1つのHがあります。この5W1Hが文章構成の基本となるのです。

使いこなすと便利な5W1H

5Wとは、「①いつ（When）」「②どこで（Where）」「③誰が（Who）」「④なにを（What）」「⑤なぜ（Why）」の5つです。1Hとは、「どのように（How）」。これが文章を構成する要素、5W1Hです。

例えば、次の文章を5W1Hに分解してみましょう。

> 私は今朝、天気がよかったので公園をゆっくりジョギングした。

・私は（Who）
・今朝（When）
・天気がよかったので（Why）
・公園を（Where）
・ゆっくり（How）
・ジョギングした（What）

この例のように、一文で1つの事柄だけを表現するとは限りません。複数のWやHが含まれる場合もありますが、重要なのは5W1Hを意識して書き、「誰が何をしたのか」を明確にわかるようにすることです。

> **ここがポイント**
> ● 文章の構成要素である 5W1H を意識して書くとわかりやすい文章になる。
> ● ひとつの文章に 5W1H が必ずひとつとは限らないので、「誰が何をした（何をする）」をはっきりさせるとよい。

Column

最大の敵は苦手意識かも

　アセスメントや面談に対するスキルは十分にあるのに、いざ計画書や記録、手紙といった文章を書こうとすると手が止まってしまうケアマネジャーは少なくないと思います。

　苦手なことやうまくできないことを人は避けてしまいがちですが、避けると書く機会が減り、いつまでたっても苦手なままという悪循環に陥ってしまいます。

　苦手なものに取り組むというのは簡単ではありませんが、自分の趣味や興味のあることでかまわないので、まずは好きなことや得意なものについて自由に書いてみてはいかがでしょう。とにかく文章にしてみるのです。手軽に文章をつくる場として SNS もよいと思います。実は私もこの SNS を文章作成の練習に使っています。SNS の相手が友人だけでは、きちんとした評価がなされないというデメリットもありますが、練習という意味では取り組みやすいツールだと思います。

　ただ、1 つルールがあります。それは「相手に伝える」ための文章を書くということです。

　「苦手」には、本当にできないものと、苦手意識でできないと思い込んでいるものと 2 種類あると思います。本当にできないものは克服しにくいかもしれませんが、苦手意識が原因のものは考え方を変えることで苦手でなくなると私は思っています。自分自身で勝手に苦手認定をしてしまっていませんか。いまいちど、本当に書くことができないのか、自分が苦手認定してしまっているだけなのかを確認してみましょう。

　「習うより慣れろ」ということわざもあります。まずは「書くこと」に慣れるところから始めてみませんか。

「伝える」書類を効果的・効率的に「書く」には

⑤ 文章を読みやすい長さにする

　文章の見せ方について考えてみましょう。
　読み手は、目で文字を追いながら頭の中でその情景を思い浮かべ、内容を理解します。ここで大切になるのが句読点です。

句読点の役割

　一般に、読みやすい1つの文章の文字数は、50字から70字程度といわれています。また、1つの段落の文字数は200字以内を目安と考えてください。さらに、文章の節目となる位置に句点「。」や読点「、」を打つことで、より読みやすい文章になります。

　句読点は、会話での息継ぎや間（ま）であり、文章の休憩所のようなものです。例えば、以下の文章はどうでしょう。

> 　AさんがこうであったのでBさんはこう思いCさんにこうしてもらった

　この文章を目で追ってみると、平べったく見にくいと感じませんか。句読点を入れてみましょう。

> 　Aさんがこうであったので、Bさんはこう思った。Cさんにこうしてもらった。

　句読点を使って区切ってみました。句読点がない場合と比べて、文章全体がスッキリしたように感じると思います。

句読点の使い方

　一方、文章が長くなって読みにくくなる要因のひとつに、読点「、」を使って文章をつないでしまっていることがあります。

> 　昨日は仕事の帰りに友人と野球を観に行く約束をしていたが、雨が降ってしまった<u>ので、</u>予定を変更してカラオケに行くことにした<u>が、</u>友人に急な仕事が入ってしまったために、その予定も中止となってしまった。

↓　「ので、」と「が、」という2つの読点でつないだことで文章が長くなり、結果として読みにくくなっています。
　句点を入れてみましょう。

> 　昨日は仕事の帰りに友人と野球を観に行く約束をしていたが、雨が降ってしまった<u>。</u>そこで予定を変更してカラオケに行くことにした<u>。</u>しかし、友人に急な仕事が入ってしまったために、その予定も中止になってしまった。

　というように句点「。」を使って文章を分け、接続語で次の文を始めるとよいでしょう。
　句読点を適切に使うことで、読み手にとって見やすく読みやすい文章となり、内容が伝えやすくなるのです。

> 　駅に向かう途中で職場の同僚と会い、明日の会議の時間を確認したところ、15時からではなく13時であったことがわかった<u>ので、</u>慌てて予定を確認し、13時から伺うはずだった利用者との約束を変更することとなったが、先方からは特に急がないといわれたので、来週にしてもらった。

接続語の「ので」を使うことで文章が長くなってしまっています。この文章は 123 文字あります。「ので」の前で区切ると約 50 文字と 70 文字の 2 つの文章になり、読みやすくなります。

駅に向かう途中で職場の同僚と会い、明日の会議の時間を確認したところ、15 時からではなく 13 時であったことがわかった。慌てて予定を確認し、13 時から伺うはずだった利用者との約束を変更することとなったが、先方からは特に急がないといわれたので、来週にしてもらった。

ここがポイント

- 1 つの文章は 50 〜 70 字を目安にしよう。
- 句読点は文章を読みやすくするための道具。「、」は息継ぎの場所、「。」は場面転換で使うとイメージするとよい。
- 句読点は「しかし」「または」「だから」といった接続語と一緒に使うと伝わりやすい。

Column

コミュニケーションを円滑にするクッション言葉

　会話でも文書でも物事や自分の気持ちをうまく伝えられず、誤解されてしまったという経験は誰でもあることでしょう。

　悪意など微塵もないにもかかわらず、自分が発した何気ない言葉が相手を傷つけたり、怒らせたり、時には取り返しがつかないほどの大事を引き起こしてしまうことがあります。得てして、何気ない「ひと言」から「誤解」は始まってしまうものです。

　そんな誤解を避け、コミュニケーションを円滑にする「ひと言」、それがクッション言葉です。

　例えば、電話をかけてきた相手の名前を聞き返す時「もう一度お名前をお聞きしてよろしいでしょうか」と丁寧に聞いても、相手は「最初にちゃんと名乗ったのに失礼だな！」と気分を害してしまうかもしれません。こんな時にひと言「大変失礼ですが」や「念のためお伺いいたしますが」といったクッション言葉を加えてみましょう。相手に伝わる印象が変わります。

　文書の例でいえば、目上の相手にFAXを送って、返事をもらいたい時など「ご返信ください」の前に、「恐縮ですが」とひと言書き添えるのです。多忙な相手への配慮が感じられる文章になりますね。

　その他、研修会などへの誘いには「ご参加ください」の前に「もしよろしければ」。逆に、声をかけてもらったけれど断らなくてはいけない場合は「出席できません」だけでなく、「大変残念ですが」と加えるとよいでしょう。

　誤解を生むのも「ひと言」、誤解を避けるのも「ひと言」。相手に本題をやさしく届けるクッション言葉をぜひ使いこなしてください。

- 依頼のクッション言葉
  お手数ですが／恐れ入りますが／よろしければ／差し支えなければ／できましたら
- 断りのクッション言葉
  申し訳ありませんが／せっかくですが／あいにくですが／残念ですが

「伝える」書類を効果的・効率的に「書く」には

6 読む人に合わせて書き方や表現を工夫する

わかりやすく伝わりやすい文章を書くポイントとして、読む人に合わせた専門用語への配慮や、擬音語や感嘆符などによる表現の工夫が挙げられます。

専門用語に配慮する

「専門用語」は、何も難しい医療用語や外国語だけを指すものではありません。私たちケアマネジャーが日常的に使っている言葉にも、一般的な会話の中では常用されていない言葉が多くあります。

例えば、私たちが計画書を書く時、何気なく使っている「入浴」「排泄」といった言葉はふだんの生活の中で使うことはほとんどありません。一般的には「（お）風呂」「トイレ」などでしょう。

もちろん、入浴も排泄も意味としては十分伝わるのですが、こうした配慮をすることで読む人に、よりわかりやすい文章にすることができます。

また、読む人によっては伝わらない略語も多くあります。例えば、「Pトイレ（ポータブルトイレ）」程度なら利用者、家族にも何とか通じるかもしれませんが、「サ責（訪問介護事業所のサービス提供責任者）」などは、医療業界の人にも通じないことがあります。

いわゆる「業界用語」は便利なものですが、場面に配慮して使いましょう。

擬音語や感嘆符も使ってみよう

擬音語や擬態語を使うとわかりやすくなる場合もあります。例えば、痛みや表情など、数値化できない感覚的なものに関する表現です。

「心臓がドキドキする」の「ドキドキ」や「頭がガンガン痛む」の「ガンガン」などは日常よく使われる表現です。具体的に「何グラム」「何センチ」などと数値化できない感覚を表現する時に使うことで、単に「動悸がする」「頭が痛い」という表現より、具体的に状況を想像することができ、相手にとってわかりやすく伝わりやすい文章になります。

疑問符「？」や感嘆符「！」なども使い方次第で情景を想像させることができ

ます。それはこれらを使うことで文章にメリハリをつけられるからです。特に感情の程度が重要になる逐語（P30参照）などでは有効で、場面描写がはっきりしてきます。例えば、「なぜ早く来てくれないの」という言葉も疑問符をつければ「なぜ早く来てくれないの？」と、腑に落ちない相手の感情を表現でき、感嘆符をつければ「なぜ早く来てくれないの！」と、怒りの感情を表現することができます。

　文章で感情の抑揚を表現するためには、擬音語や感嘆符などを適所で効果的に使うと、その時の状況や感情をうまく表現できると思います。ただし、これらは乱用すると逆効果になるので注意しましょう。

　例えば、「明日の訪問は10時ですか？　11時ですか？　ご連絡いただけますでしょうか？」や「そうなの！　そんなこと知らなかった！　でもそれって本当なの？」というように「？」や「！」を多用すると、どの部分を強調したいのかが見えにくくなり、効果が薄れてしまいます。

　また、情景を何かに例えて文章で表す方法に「比喩表現」があります。「○○のように（ような）」と書く方法で、例えば「腹部に虫に刺されたような跡が数か所あった」や「赤ちゃんの手のように手足がむくんでいる」とすることで、状態や色、物事の程度などを具体的に相手に伝える方法です。

❻ 読む人に合わせて書き方や表現を工夫する

ここがポイント

- ●「入浴」「排泄」といったふだんあまり使わない言葉や専門用語、略語は伝わらない可能性も。利用者・家族と共有する資料では避けよう。
- ●感情や物事の程度などは擬音語や擬態語を使うと文章にメリハリがつく。
- ●感嘆符や疑問符は乱用すると効果が薄れるのでほどほどに。

「伝える」書類を効果的・効率的に「書く」には

7 主観と客観を区別する

　私たちケアマネジャーは、ふだんから利用者宅を訪問して得た情報を支援経過記録に書いたり、他職種や利用者・家族に伝えるための文書を書いたりしています。その時、主観的な判断だけで文章を書いてしまうと、事実と違った情報を相手に伝えてしまうおそれがあるので注意しましょう。

　そうならないためには、何を心がけたらよいのでしょうか。私たち専門職が書く文章は、客観的な視点で評価した結果である必要があります。

　まず、主観的な判断とはどういうものなのかをきちんと理解しておきましょう。

主観的な判断と客観的な判断の違い

　自分の考えを文章にすると、結びの言葉は「○○と思った」となります。それでは、この「○○と思った」は、すべて主観的な判断ということになるのでしょうか。一概にそうとは言えません。大事なことは、「○○と思った」その根拠が主観的な判断か客観的な判断かなのです。

　「主観」とは個人的な好き嫌いといった感情、あるいは感覚的なものを判断基準として評価した結果を指します。

　例えば、次の文は主観的な判断または客観的な判断のどちらでしょうか。判断の根拠を元に考えてみましょう。

> 熱があるように思った。

〔判断の根拠〕
①顔が赤かった。
「顔が赤かった」というのはあくまでその人の感覚でしかないので、これは主観的な判断になるでしょう。
②検温したら38度だった。

「38度だった」という検温の結果が判断基準となっています。38度は平熱とは言えない数値なので、これは主観的な判断ではなく、数値を根拠とした客観的な判断ということになるでしょう。

主観的な判断と客観的な判断の違いは根拠となる基準によるものだということを覚えておくと、記録などを書くうえで参考になるでしょう。

専門職としての判断を表現する

私たちケアマネジャーは専門職です。今まで学んだ知識と現場での経験を元に仕事をしています。その知識と経験から「○○と思った」のであれば、それは専門職として客観的な判断をした結果といえるでしょう。

一方、自分の価値観という評価基準による判断はあくまで個人の意見であり、専門的な意見とはまったく別物です。書き方や言葉の使い方によっては相手に誤解されることもありますので、気をつけなくてはいけません。

例えば、「今の生活を続けると認知症が進んでしまうと思います」という場合、「なぜそう思うのか？」が重要です。認知症につながってしまうと判断した「今の生活」がどんな生活なのかを述べなければ、相手には伝わらないからです。

「日中独居のため、刺激の少ない今の生活を続けてしまうと……」というように、ケアマネジャーとして「○○と思う」その理由や根拠を客観的に明らかにすることにより、主観的な判断ではないことを示せるのです。

ここがポイント

- 「主観」と「客観」の違いをきちんと理解しよう。
- 主観は個人的な意見、客観は専門的な知見による意見と区別しよう。
- 「○○ということから〜と思った」というように根拠を示すことで専門職としての客観的判断であることが伝わる。

「伝える」書類を効果的・効率的に「書く」には

8 利用者と家族の想いを表現する

　居宅サービス計画書（第1表）「利用者及び家族の生活に対する意向を踏まえた課題分析の結果」欄には、利用者と家族の想いを踏まえ、専門家としての課題分析を記載します。場合によっては、支援経過記録にも記載します。

文章として残さないほうがよい場合もある

　「想い」を文章として書くというのは、個人の意向、感情を文章で表現するということです。他者の想いを書く時には、その人が発した言葉をそのまま「」を使って書く「逐語」という表現方法があります。

> 「家族には迷惑をかけたくないんだよ」
> 「そうだね、またゲートボールにでも参加できたらいいね」

　逐語は、その人の本音やその人が大切にしている想いを表現する時に使うと効果的です。

　相手が言ったまま、私たちが聞いたままを記載すれば、それが一番正確な文章ということになります。その意味では逐語はよい表現方法です。しかし、「想い」をそのまま表現することで、誰かを傷つけてしまったり、誤解を招いてしまったり、場合によっては関係が悪くなってしまうこともあるのです。

　「想い」を表現する時に、私たちがまず留意すべきことは、その想いを文章として残す必要があるか否かを、プロとしてきちんと判断するということです。記録だから、本人が確かにそう言ったのだから、という理由だけで記録や計画書に記載することはやめましょう。文章として記載するためにはケアマネジャーとしての根拠と配慮が必要であり、内容によっては記載を控えることも大切な判断です。

　例えば、家族の長年の生活の中で澱（おり）のように溜まってしまった怒りや憎しみの

感情は、時として非常に厳しい言葉となって発せられることがあります。その言葉を利用者や家族が目にするサービス計画書にそのまま記載すれば、関係の悪化につながりかねません。

また、ふだん何気なく使っている排泄の失敗や介護負担に関する表現にも注意が必要です。排泄の失敗は利用者の尊厳にかかわることですし、介護負担は利用者が家族に対して負い目を抱くきっかけになる可能性があるからです。

もちろん、これらは事実であれば、記載すること自体は悪いことではありません。ただし、表現に工夫が必要だということです。例えば、「排泄の失敗」というネガティブな表現ではなく、「排泄行為の自立のため」とポジティブに表現してみるとどうでしょう。

また、「介護負担」も「負担」というネガティブな単語を使わないで、「介護者の生活の維持」とポジティブに言い換えてみるとどうでしょう。どちらも印象が変わりますね。

記載する必要があるか否かをまず判断し、記載する場合には表現を工夫して、その人の想いを上手に表現できるようになりましょう。

> 排泄の失敗が増えたので、下肢筋力の改善を検討する。

「失敗」という言葉によって文章全体がネガティブな印象になり、本人をとがめているように感じさせてしまいます。以下のように書くことでポジティブな印象の文章になります。

> 排泄動作を自立して行えるよう、下肢筋力の改善を検討する。

⑧ 利用者と家族の想いを表現する

> 長男の介護負担を軽減するために、デイサービスやショートステイの利用を検討していく。

⬇ 「負担」という単語がネガティブな印象を与えます。以下のように書くことでポジティブな文章になります。

> 長男の社会生活を維持していくために、デイサービスやショートステイの利用を検討していく。

ここがポイント

- 利用者、家族の本音や大切な想いは、逐語で記録するとより伝わりやすくなる。
- 感情的な発言は誤解を招いたり、関係を悪化させたりすることがある。内容によっては記載を控える判断も必要。
- ネガティブな表現はポジティブな表現に改めると、読み手に与える印象が大きく変わる。

> Column

第1表の「利用者及び家族の生活に対する意向を踏まえた課題分析の結果」改正について

　2021年度の標準様式の改正で居宅サービス計画書、第1表の「利用者及び家族の意向」の欄が「利用者及び家族の生活に対する意向を踏まえた課題分析の結果」という一文に変更されました。この様式には皆さんもだいぶ慣れてきたと思います。

　皆さんは、実際にこの「課題分析の結果」をどのように記載しているでしょうか？ケアマネジャーの専門的見解を述べることができるこの欄に何を記載すべきか、よく頭の中を整理してみてください。

　利用者はどのようなことを望んでいると言っていましたか？また、家族はその言葉にどのような反応を示したでしょうか？

　たわいもない言葉の中から、「その人らしさ」を聞き取り、その心情の裏側にある情動を読み取り、課題の中核へと迫っていく。まさにケアマネジャーの腕の見せ所なのです。

　この欄の文章はケアマネジャーや利用者、家族の個人的見解を記載することはありません。あくまでも客観的かつ専門的な判断や評価の「結果」を記載するのです。逆にいえば客観的かつ専門的な根拠を残してこそ「分析の結果」といえるのです。

　具体的にいうと、アセスメントシート、支援経過記録に「分析の結果」につながる根拠が記載されている、聞き取れていることが重要になります。

　この一貫性こそケアマネジメントプロセスにきちんとした整合性が取れているということになるのです。

　第1表の一番上の欄ですので、通常一番初めに書き出すことになります。ここでブレが生じてしまうと、第2表との整合性が取れなくなりますので、しっかりとした「結果」を記載することを心がけましょう。

❽ 利用者と家族の想いを表現する

「伝える」書類を効果的・効率的に「書く」には

⑨ 正確に記録する

　文章があいまいだと事実が把握できず、結果としてその記録自体が無意味なものになってしまいます。大切なのは誰が読んでも内容がわかるということです。ケアマネジャーとして行ってきた支援の経過内容やケアプラン作成のプロセス、利用者や家族の心身状態の変化やモニタリングの記録、サービス調整の結果など、第三者が読んでわかるようにしておくことが重要です。

時系列で記録することの意味

　正確に記録するためにはどのようなことに気をつければよいのでしょうか。ポイントとして、まずは時系列をはっきりさせることです。支援経過記録は時間の経過に沿って書いていくのが通常です。

　まず日付から記載します。経過を追っていくという点では時間が重要になることもありますので、時間も記載しておきましょう。日付と時間が記載されるだけで記録の精度は増します。

　次に誰がどこで何をしたかなどを記載します。これは前述したように5W1Hを意識して書くとよいでしょう。ここはしっかりと押さえておいてください。

　また、数値化できるものは数値で記載することで正確な記録になります。例えば、「Aさんが息苦しそうにしていたため酸素飽和度を測定すると、95％と少し低めであった」のように、苦しそうに見えた要因と考えられる酸素飽和度の低さは、実際の測定値を書くことで、より正確に伝えることができます。

　では、数値化できない事柄はどうしたらよいでしょうか。そのような時は比喩や擬音語などを用いるとよいでしょう。例えば、「下肢が象の脚のように浮腫んでいる」「ゼイゼイと呼吸をしている」など表現を工夫することで、より具体的な情報を伝えることができるでしょう。

　このように、日時をはじめ数値で示せるものは数値を記載したり比喩表現などで工夫したりすることで、客観的かつ正確な文章につながるのです。

例えば、ショートステイの予約を取る場合です。

> ──4月1日（月）
> 10時、長男から電話があり「7月1日（月）から7月8日（月）までショートステイをお願いしたい」とのこと。
> 10時15分、Aセンターの相談員に電話。上記日程でショートステイの依頼をする。空床の確認をして返事をもらうこととした。
> 10時30分、施設Bの相談員に電話し、上記日程のショートステイの空きを確認。現在空きがあるとのことなので仮予約としてAセンターからの返事を待つこととした。
> 13時、Aセンターの相談員から電話あり。空きがないとのことであったため、長男に電話し、施設Bであれば空きがある旨伝え、長男より施設Bを予約することとなった。──

　時間の経過とともに状況は変わっていくため、時系列を意識して書くことでほかのスタッフが見てもわかりやすく、正確な記録になります。

　正確に記録することが大切である理由のひとつは、ケアマネジャーが自分たちの仕事の内容を証拠として残す必要があるからです。いつ、どこで、どのような経緯でそれを行い、結果としてどうなったのかをきちんと記録することは、給付管理を行うケアマネジャーの義務でもあります。私たちは社会保障費という公費の中で仕事をしているのです。そういった意味でも、正確な記録を書くことを常に意識してください。

ここがポイント

- 時間とともに変化する支援経過記録などは時系列を意識して書こう。
- 数値で表現できることは数値を記載しよう。
- 数値化できない事柄も比喩や擬音語などの工夫でより正確に表現できる。

「伝える」書類を効果的・効率的に「書く」には

⑩ 具体的に書く

　見たものをありのまま表現できるのであれば、具体的に書くことはそれほど難しくはないでしょう。例えば、血圧であれば「上が140mmHgで下が80mmHgであった」、血糖値の測定結果であれば「食後の血糖値が180mg/dLであった」、歩行の状態であれば「平行棒を使い10m歩ける」などと書くことができます。これらはすべて数値で表現できる事柄です。数値化できるものであれば具体的に書くことは簡単なのですが、一方で、人の生活や行動には数値化できない事柄もたくさんあります。

相手がイメージできる表現を選ぶ

　その人の感覚によって差が出る事柄を具体的に表現するにはどうしたらよいのでしょうか。例えば、アセスメントシートに「パーキンソン病の症状により歩行状態が悪い」と記載した場合と「パーキンソン病の症状により小刻みな歩行となる」と記載した場合では、どちらがイメージしやすい文章でしょうか。

　後者のように「小刻み」というひと言を加えるだけで相手に伝わる印象はずいぶん違ってくるのではないでしょうか。「動作時に呼吸苦が見られる」も「動作時は肩で息をするような状態になる」としたらどうでしょう。後者のほうが利用者の状態を思い浮かべやすくありませんか。

　歩行や動作の状態も数値では表しにくい事柄です。しかし、このように言葉を工夫することで具体的な表現に近づけていくことができるのです。

　個人の感情や痛みの程度、価値観や好き嫌いによって異なる事柄などを伝える時は、具体的な表現に近づくように工夫をするとよいでしょう。

形容詞を使いこなそう

　事柄を具体的にするのは、形容詞の役割です。形容詞は、状態や状況、感情などを表す時に使い、「赤い薬」の（赤い）や「やわらかい食事」の（やわらかい）などです。「赤い」は薬の色を表現し、「やわらかい」は食事の形状を表現しています。形容詞の使い方ひとつで相手への伝わり方が変わります。

具体的に書くうえで重要なことは、いかに、読み手と自分との間に共通のイメージをもてるかということです。読み手に共感してもらえるよう意識して書くとよいと思います。自分が伝えたいことが誤って伝わらないように、まず何を伝えたいのかを自分の中でしっかりと理解することです。加えて、形容の仕方や比喩表現の感性を磨いていくことも大切です。

ここがポイント

- ●読み手と自分との間に共通のイメージをもてるように意識して書こう。
- ●伝えたい内容や事柄に合わせて形容詞を使いこなそう。

Column

2024年報酬改定から見る居宅介護支援事業所の未来予想図

　2000年以降、いくつもの報酬改定を体験してきた私にとって2024年改定は国の考えが非常に明確だったと感じました。

　報酬改定の内容には必ず国が目指すべき方向性のメッセージが示されています。今回私が感じ取ったメッセージを居宅介護支援にフォーカスして挙げてみます。

　まず、今後の居宅介護支援事業所は大規模化していくべきというメッセージです。言い換えれば「メガ化」ではなく「ギガ化」していってくださいといったメッセージです。

　これは本書の冒頭に記載した通り、基本報酬のアップ率（％）よりも特定事業所加算のアップ率（％）の方が大きかったことや、特定事業所医療介護連携加算におけるターミナルケアマネジメント加算の算定回数が3倍にもなったことが挙げられます。併せてBCP（業務継続計画）未策定減算もそれに関係していると思います。

　2024年改定で、居宅介護支援の基本報酬はアップしましたが、そのアップ率は0.9％でした。1人ケアマネ事業所や小規模で運営しているケアマネ事業所では売り上げ増は0.9％に留まります。もし会社がアップした報酬分のすべてを皆さんに給与として還元したとしても月給が数百円か数千円程度しか上がらない計算になります。

　これに比べ特定事業所加算は2.8〜14％のアップです。万が一、それをすべて職員に還元したらどうでしょう。1人もしくは小規模事業所のそれとは大きな差が生ま

れます。

　そして特定事業所医療介護連携加算のターミナルケアマネジメント加算算定回数は3倍になりました。これは300％増ということになります。この加算を取得するためには発生率・確率論ではありますが事業所としての担当件数が多いほど、「ターミナルケアマネジメント加算を15回／年以上」をクリアしやすくなります。そうなれば事業所のケアマネが2人より3人、3人より5人の方が要件をクリアしやすくなります。

　BCPに関しても、1人もしくは小規模の事業所ではマニュアルをつくることすらままならない状況です。ましてや、委員会や会議、避難訓練など頭を悩ます項目ばかりです。

　これはまさに「これからの居宅介護支援事業所は大規模化していってください。そういう事業所を評価します」というメッセージだと私は受け取りました。

　また、介護職員等処遇改善加算について、国は「ケアマネジャーは介護職ではないから」とか「利用者の負担額に掛かる加算だから」という理由で自己負担のないケアマネジャーには介護職員等処遇改善加算はつけられないというのが国の示すもののようです。

　ここで私が考えるのは、「特定事業所加算」や「特定事業所医療介護連携加算」等の加算こそが、「ケアマネジャーの処遇を上げるための加算」であると感じています。

　私は小規模のケアマネ事業所がよくないといっているのではありません。2024年報酬改定からこのようなメッセージを感じたということです。本来であれば、加算ではなく基本報酬を上げないとケアマネジャー不足の改善にはつながらないと思っています。

「伝える」書類を効果的・効率的に「書く」には

⑪ 個人情報とプライバシー

　個人情報保護法（個人情報の保護に関する法律）は2003年に公布された法律で、簡潔に言うと業務上知り得た個人を特定できる情報をむやみに使うことを禁止する法律です。

　個人を特定する情報とは何でしょう。例えば、氏名、住所、年齢、性別のほかに、介護保険証の被保険者番号や介護度なども個人を特定する情報に含まれます。これらがそろうことで、その「個人」が特定できてしまう情報だからです。

個人情報の管理

　私たちケアマネジャーは、ふだんから個人情報に接しながら仕事をしています。例えば、居宅サービス計画書（第1表）の上段には、個人が特定できる情報をすべて記載します。もし、この居宅サービス計画書を通勤途中などで落としてしまい、第三者が拾ったとします。これがまさに個人情報の漏えいです。個人情報保護義務違反（法の定める義務に違反し、この件に関して、個人情報保護委員会の改善命令にも従わない場合）は1年以下の懲役または100万円以下の罰金が科せられるほか、情報漏えいの内容によっては裁判などにより多額の請求をされることにもなりかねません。

　ケアマネジャーは仕事の特性上、利用者から過去の生活歴や現在の生活、病歴や学歴、経済力など多くの個人情報を取得するので、それらの情報が外部に漏れないよう厳重に管理する必要があります。

　他言しないのはもとより、パソコンのパスワード設定、インターネットのウイルス対策だけでなく、キャビネットの施錠など、ハード面においてもセキュリティ対策をしっかり行う必要があります。

要配慮個人情報について

　要配慮個人情報とは2015年に行われた個人情報保護法の改正により「本人の人種、信条、社会的身分、病歴、犯罪の経歴、犯罪により害を被った事実その他本人に対する不当な差別、偏見その他の不利益が生じないようにその取扱いに特

に配慮を要するものとして政令で定める記述等が含まれる個人情報」（個人情報保護法第2条3項）と定義されています。要するに、その人に対する偏見や差別につながりうる非常にデリケートな情報が要配慮個人情報といえるでしょう。

　まず、基本的なことになりますが私たちは個人情報取扱事業者であるということを忘れてはなりません（同法第16条2項）。そして個人情報の取得にあたって、利用目的を明確にすることが重要です。

　個人情報取扱事業者においては例外を除き、あらかじめ本人の同意を得ないで、要配慮個人情報を取得してはならないとされています。

　特に私たちがアセスメントで取得する情報の中でこの要配慮個人情報に関連してくるものがいくつかあります。

　例えば「病歴」。昨今では、直近で新型コロナウイルスに感染した既往歴があればどうしてもそういった対応や偏見が生まれがちです。現在症状がなくてもデイサービスを休まないといけなくなってしまうなど利用者は不利益を被ることになります。

　情報共有を行ううえでは、第三者提供についても非常に注意が必要になります。要配慮個人情報を含む個人情報の取扱いについては、本人の同意を得る必要があり、この場合、取り扱う個人情報の利用目的をできるだけ特定し提供先を明示したうえで同意を求めるようにしてください。

　情報の使い道、提供先は大変重要な項目となります。個人情報取得時に必ず情報の使い道と提供先を明確にしておくようにしてください。

プライバシーとは何か

　さて、「書く」という点に話を戻して考えてみましょう。先の個人情報と一緒に考えなくてはいけないことがひとつあります。それは「プライバシーに配慮する」ということです。

　利用者や家族の手元に残る居宅サービス計画書などに関して言えば、プライバシーへの配慮は重要です。

　個人情報とプライバシーは、どちらも特定の個人に関する情報なのですが、プライバシーはさらに一歩踏み込んでほかの人に知られたくない事柄を指します。アセスメントシートを見返してみてください。そこにはプライバシーに関する情報がたくさん記載されていますね。

　例えば、「家族関係があまりよくない」「経済的には裕福で利用料の負担は問題ない」「麻痺があり排泄後の失敗が多くトイレの汚れが目立つ」などの情報を記載するのは業務上必要なことですが、本人、または家族にとって外部に知られた

くない身体状況、生活実態は、記載時に配慮が必要です。

　個人情報は個人が特定されないように事業所として保護するもの、一方、プライバシーは利用者やその家族の尊厳を守るために配慮するもの、と区別するとわかりやすいかもしれません。

在宅ワークの際の留意点

　在宅で業務をするうえで最も気を遣うことといえば個人情報保護ではないでしょうか。クラウド型のシステムを使ったり職場で使っているノートパソコンを持ち帰ったり、あるいは、利用者の個人情報をUSBメモリーや紙で持ち帰るなどさまざまだと思います。

　いずれにしてもそれにあった対策が必要です。例えばクラウドシステムであればシステムや自宅のパソコンのセキュリティー状況の確認やウィルスソフトの設定の強化、紙ベースであれば氏名や個人が特定される情報（氏名、住所、連絡先など）をマスキングして持ち帰るなどの対策が必要です。

　自宅で仕事をするうえでは自身の家族にも利用者の情報を漏らしてはなりません。仕事に対する家族の理解を得ることもとても重要なポイントです。

> **ここがポイント**
> ● 個人情報保護法の内容をきちんと理解しよう。
> ● 個人情報の保護とプライバシーへの配慮の違いを理解しよう。
> ● コンプライアンスの観点から個人情報の持ち出しには十分な注意を。
> ● パソコンやキャビネットなどのセキュリティ対策は個人だけでなく事業所、会社全体で行おう。

「伝える」書類を効果的・効率的に「書く」には

12 時短できる記録のコツ

「記録を書く時間がない」、これもケアマネジャーの間でよく聞かれる言葉です。確かに記録を書くことは、思いのほか時間が取られるものです。限られた時間の中で効率よく記録を書くためにどのような工夫ができるでしょうか。ここでは、面談記録を例にして考えてみましょう。

面談時の工夫

面談記録は面談で聞き取った内容や、訪問して感じたこと、目にした状況を整理して文章化するという作業です。そのためには、面談時から記録を書くことを意識した準備が重要です。面談の時はたいていメモを取ると思いますが、そのメモにちょっとした工夫をすることで、時短につなげることができます。簡単な例を挙げてみましょう。

2024.4.5　Aさん初回面談
日中独居、Faは7～19時まで不在
以前はカラオケに行っていたが…
介護認定、3.25申請中、認定調査4.10予定

利）もう歳なんだから家でのんびりやらせてくれよ
Fa）家にばかりいてもつまらないでしょ。転んでけがでもしたらどうするの！

（利）家にいたい　　（Fa）デイへ行ってほしい

利用者を「利」、家族を「Fa」と略しています。お互いの想いは重要なポイントですので逐語で書き出し、さらに主訴を明確にし○で囲っています。

面談では多くの事柄をメモに取ります。さまざまな情報の中から、居宅サービス計画書を作成するうえでポイントとなる内容にメモの段階で分けて印をつけておきましょう。また、発言者によって色を変えてメモを取るなどの工夫をすることで、ケアプラン作成のための資料づくりの時間が短縮できます。

　記録は、聞き取ってきたことのすべて、一言一句を記載する必要はありません。訪問時の挨拶や面談中のたわいのない会話などもあるでしょう。その中から必要な情報を吟味し、内容を要約して記載することが大切です。

　そのためには、面談の段階から記録を書くことを意識して情報収集を行い、そして、記録を書く前に、メモを元にいったん頭の中を整理してから書き始めるようにするとよいでしょう。これで、記録の時間を短縮できるようになります。

同じ作業はまとめて行う

　作業を効率的に行う方法として、私は「同じ作業をまとめて行う」ようにしています。例えば、記録や居宅サービス計画書を書くという業務は、椅子に座り、パソコンで文章を入力する（書く）という同じ作業です。また、電話で連絡する、FAXを送る場合も、まず電話連絡をすべて終わらせてから、FAXを送る作業に移るようにします。同じ動きをする作業をまとめて行うと、時短になることもありますので参考にしてください。

ここがポイント

- 自分用のメモでは、略語等を使うなど工夫しよう。
- 主訴にあたる重要な情報は逐語で記録したり○で囲んだりして、すぐにわかるようにしておく。
- 短時間でまとめられるように、発言者の言葉を色分けしてみよう。
- 「電話なら電話」「書くなら書く」。同じ動きの作業はまとめると効率的。

「伝える」書類を効果的・効率的に「書く」には

⑬ 書いたあと読み返す

　文章は残るものなので、「読み返す」ことができます。少し時間をおいて読み返す、あるいは、ある程度時間が経ってから読み返すことで、それぞれ別の効果を得ることができます。

少し時間をおいて読み返す――推敲

　例えば、文章を作成してから30分程度おいて読み返してみると、「てにをは」がおかしかったり、主語が抜けていたり、伝えたい内容があいまいだったりすることに気がつきます。文章を書いている時は気づかないことでも、少し時間をおいて読み返すと、誤字・脱字や足りない部分など、修正すべきところが見つかります。

　特に気を遣う医療者への依頼文書などは、作成後すぐに送るのではなく、ちょっと時間をおいて読み返してから送ることをお勧めします。緊張して書いた文章は丁寧に書こうとするあまり、「先生がお越しになられました」のように、二重敬語になってしまったり、不自然な表現になってしまったりしがちです。

　冷静になってみれば気づくことも、一生懸命書いている最中はなかなか気づけないものです。「少し時間をおいて読み返す」ことは、文章を推敲するうえでとても有効な方法です。

ある程度時間が経ってから読み返す――振り返り

　支援が終了した人の記録を元に事例検討等をすることがあると思います。過去の仕事を振り返り、自分の成長を確認することもできますし、事例検討を通して他のケアマネジャーや他職種から違った視点での意見を聞くこともできます。

　その時も支援経過記録や居宅サービス計画書がきちんと書かれていれば、より有意義な検討会になるのではないでしょうか。

　支援経過記録や居宅サービス計画書は、自分が行ってきた仕事の結晶です。大切に保管し、時に読み返し、これからの仕事に有効に活用してください。

> **ここがポイント**
> - 少し時間をおいて読み返すことで、誤字や修正点が見つかる。
> - ある程度時間が経ってから読み返すことで、仕事の振り返りができる。

Column

相手に行動変容を起こしてもらうには……

　家族から「デイサービスに行くように説得してほしい」という相談を受けることがあると思います。もちろん、家族の意向に沿って本人を説得し、サービス利用につなぐことが私たちの仕事ではありません。しかし、この利用者にとってデイサービスに行くことが本人の自己実現につながると判断できるのであれば、ケアマネジャーとしてきちんとその根拠を伝える必要があります。

　例えば、「日中独居となるので、食事や排泄、服薬などが自分で管理できなければ、自宅で生活していきたいというあなたの想いは実現しない」など、皆さんも現場でさまざまな言葉を使い、身振り手振りも交えて説明していると思います。

　声かけや説明をする時の最終的な着地点は、相手が行動変容を起こすことです。デイサービス利用を促すこの場面でいうと、大事なのはデイサービスを利用するという行動ではなく、「デイサービスに行こう」と本人が思うこと、思考の変容（気持ちの変化）です。

　人は自分に益があると思えば、その方向に気持ちが動くものです。本人にとって行動を起こすことのメリットをアセスメントの段階できちんと把握し、相手の理解を得ることができれば行動変容につながるでしょう。

　相手が自ら変わってみようと感じられる言葉を探してみてください。

医療・他職種と上手に「つながる」文章とは

14 つながるための文章で意識したいこと

　連携のための「ほうれんそう」を行うツールとして、手紙やメールがあります。皆さんはどのようなことに配慮しながら手紙やメールを書いていますか。

　文章の構成としては、今まで述べてきたさまざまなポイントに注意して書くことに変わりはありませんが、伝える手段によって気をつけたい点やそれぞれの特徴を活かすためのポイントがあります。

「ほうれんそう」って何？

　「ほうれんそう」とは「報告・連絡・相談」のことです。

　実は、私たちは日々の業務の中でこの「ほうれんそう」を、特別意識せずに行っています。文章で「ほうれんそう」を行うためには、この文章は「連絡のための文章である」、「これは報告だ」、「相談をするため手紙を書いてみよう」というように報告・連絡・相談の違いを意識する必要があります。

　まずは簡単な例を使って、報告・連絡・相談を整理してみましょう。

■ 報告

　報告とは、行動に対する途中経過や結果の伝達です。

　あなたは、ケアマネジャーBさんが担当している利用者Aさんから「明日、臨時でヘルパーに入ってほしい」という電話を受けました。担当のケアマネジャーBさんは休みであったため、あなたがケアマネジャーBさんの代わりにヘルパー事業所のCさんと調整を行い、翌日Aさん宅にヘルパーが訪問することになりました。翌朝、あなたはケアマネジャーBさんに昨日の調整の結果を伝えます。このような場合、あなたが実際に行った調整の結果を「報告」したことになります。

■ 連絡

　連絡は、事柄の伝達です。

　ヘルパー事業所のCさんからの電話をあなたが受けました。利用者宅の訪問

で不在中のケアマネジャーBさん宛のものでした。あなたは、事業所に戻ってきたケアマネジャーBさんに「Cさんから電話があった」と伝えます。これは単に「電話があった」という事実を伝達したということなので、「連絡」になります。

■相談

相談は、判断に迷った時にアドバイスなどのアクションを求めることと考えてみましょう。

ヘルパー事業所のCさんから、「Aさんの熱が38度あります。どうしたらよいでしょうか」という電話がありました。担当ケアマネジャーBさんは研修で不在のため、あなたが対応することになりました。あなたはAさん宅に入っている訪問看護師Dさんに、「Aさんに38度の発熱がある。訪問して様子をみてもらえないか」と電話をかけました。これは、相手の訪問看護師Dさんに「訪問してみてもらう」という行動をお願いした形であり、Dさんはそのお願いに対して訪問の可否についての返事（アクション）をします。

このように、「相談」は、相手に何らかのアクション（返事、指示）を求めるということなのです。この例でいえば「38度の発熱がある」という報告に対して、訪問してもらえるか否かというDさんの返事（アクション）を望んでいます。

「ほうれんそう」の使い方

報告・連絡・相談の違いが理解できると、手紙の文頭に「○○の件でご報告いたします」と書き始めるのか、「○○の連絡です」、「○○についてご相談です」とするべきかの判断ができるようになります。

そして、書き始めが決まると文章の方向性も自然と定まります。

「報告」は途中経過や結果を伝えること、「連絡」は事柄を伝えること、「相談」は相手にアクションを求めること、と整理しておきましょう。

連絡する相手は適切か、相談先は間違っていないか、その相談をすると相手は返事に困らないかなど、相手のもつ専門性や職種の特徴をしっかりと精査し、適切な「ほうれんそう」を行ってください。

報告も連絡も相談もコミュニケーションの一環です。相手にやさしい「パス」を出すように心がけましょう。

医療・他職種と上手に「つながる」文章とは

15 手紙のマナー

　では、報告、連絡、相談を手紙などで行う場合、どのようなことに注意をすればよいでしょうか。

　手紙とFAX・メールとの違いは、手紙は封筒で相手の手元に届くということでしょう。ここからは、封筒で届く手紙と、紙で届くFAX、文章だけ届くメール、それぞれの場合の留意点などを確認していきましょう。

手紙ならではの利点と注意点

　手紙の利点として、封筒の色で相手に「あの事業所からきた手紙だな」と認識してもらえたり、季節にあった切手を使うことで好印象を与えることができたり、ということが挙げられます。

　こうしたメリットはありますが、あくまでも仕事上の郵送物であることを忘れないようにしてください。奇をてらうような封筒やキャラクターもの、季節外れの切手などは、相手にマイナスの先入観や印象を与えかねないので控えたほうがよいでしょう。

　封書には手紙以外のものを入れることができるというメリットもあります。仕事で初対面の相手に名刺を渡しますが、初めてかかわる相手であれば、名刺を同封してもよいでしょう。手紙以外のものを入れることができるという封書のメリットを活かしてみてください。

　また、書類などを返信してもらう必要があれば返信用封筒の準備も忘れてはいけません。返信用封筒には切手を貼り、「○○サービス　▽▽宛（行）」と返信先をきちんと記載しておくのがマナーです。

　手紙は自分の代わりに相手のところに出向き、「ほうれんそう」をしてくれる分身のようなものです。封書の利点は、封筒や切手、名刺や返信用封筒など、FAXやメールと違いさまざまなアイテムを選んで相手に届けることができることです。文面だけでなく封筒一枚から身だしなみを整えるように気を配ると、好印象を与えるツールにもなるのです。

■ 封書（郵送）のメリット

・封筒などの見た目からコミュニケーションが始まる（個性、識別化）。
・初めてかかわる相手の場合は、自分の名刺を入れるとよい。
・必要であれば、参考資料なども同封できる。

■ 封書（郵送）のデメリット

・FAX、メールに比べると届くまでに時間がかかる。
・郵送費用がかかる。
・メールのような手軽さがない（手紙は気を遣う、構えてしまうことがある）。

封書（郵送）の留意点

・宛先を記す場合は、郵便番号、市町村名、部屋番号、相手の名前などに間違いがないかしっかり確認する。
・返信が必要な場合は、返信先を記載し切手を貼った封筒を同封する。
・料金不足にならないように、切手は必要な金額を確認して貼る。

手紙の約束事

手紙文には、頭語（書き始めの言葉）で始まり、結語（しめくくりの言葉）で終わるという決まりがあります。頭語・結語は一対のものであり、決まった組み合わせで覚えておきましょう。

■ 頭語と結語の組み合わせ

	頭語	結語
一般的な場合	拝啓	敬具
改まった場合	謹啓　謹呈	謹言　謹白
前文を省く場合	前略	草々
返信する場合	拝復	敬具

医療・他職種と上手に「つながる」文章とは

⑯ FAXのマナー

　ケアマネジャーが「ほうれんそう」で最も活用しているのは、FAXではないでしょうか。

伝えたい情報は最小限に

　FAXの文章は、手紙以上に簡潔かつ明瞭にする必要があります。

　ケアマネジャーが日々、業務で送受信するFAXの枚数はかなりの量になります。あなたが送ったFAXを読んだ人が、これは報告なのか、連絡なのか、相談なのか、そして、すぐに返事をしなくてはならないのか、それとも少し後回しにしてもよいのかを明確にわかるようにすることで、相手の負担を軽くできます。そのためには、伝えたい情報を最小限にすることです。

　そこで必要となるのが、情報の精査です。相手にとって不要と思われる情報は極力省き、できるだけ少ない分量で相手にとって有用な情報を文章化するようにしてください。相談のFAXであれば「○月○日までにお返事ください」など具体的な期日を記載しておくと、相手も仕事の優先順位をつけやすいでしょう。

　FAXの活用方法として便利なのは、書面の一斉送信です。メールのCC（カーボンコピー）と同様で、関係者全員が同じ文面で情報を共有できるというメリットがあります。共有したい情報を記載したうえで、「Aさんへ、○○のようになりましたのでご報告いたします。Bさんへ、△△のご連絡とさせていただきます。Cさんへ、××についてお返事願います」などと追記して、Aさん、Bさん、Cさんに一斉送信すれば、1回のFAXで3人への「ほうれんそう」が完了するのです。この方法はメールでも活用できます。

誤送信に気をつけよう

　FAXで気をつけなくてはいけないことは、誤送信です。FAXはケアマネジャーが最も慣れ親しんでいる方法ですが、操作ミスには十分注意してください。

　誤送信は個人情報の流出だけでなく、受け取った相手にも迷惑をかけてしまいます。FAXのメモリー機能などを使うことで誤送信を大幅に減らすことができ

るので、活用しましょう。

■ FAXのメリット
・タイムリーに情報提供ができる。
・ほとんどの事業所にある共通の通信機器である。
・一斉送信機能やメモリー機能を使うことで時短できる。

■ FAXのデメリット
・慣れからくる誤送信。
・用紙、トナーなど相手にも費用がかかる。
・紙がどんどん溜まる（送・受信側お互いに）。

FAXの留意点

・必要な情報を正確に届けるために、宛名・差出人・送信日時・送信枚数・用件を記載した送信状を必ずつけよう。
・最近では、受信したFAXのうち必要なものだけを出力する設定の機器もあり、相手がFAXに気づかないこともありうる。事前に、電話でFAXを送ること・用件・枚数を伝えておくとよい。
・送信状に枚数を明記するだけでなく、それぞれにページ番号を入れておくと、未送信ページの確認ができる。
・用紙は受信する側の負担になるので、10枚以上になる時には別の手段も考えよう。

医療・他職種と上手に「つながる」文章とは

17 メールのマナー

　パソコンや携帯電話を使ったメールのやりとりは、皆さん日常的に行っていると思います。特に携帯電話によるメールは、訪問の合間や電車での移動中など、ちょっとした時間を使って連絡ができる大変便利なツールです。

便利なツールの落とし穴

　手軽さと利便性がメールの最大の武器ですが、だからこそ気をつけなければいけないポイントがいくつかあります。

　1つめは、手軽であるが故に業務の一環であるという感覚が薄れ、ついいつもの調子で挨拶や言葉遣い、敬語など基本的なことに配慮せず文章をつくってしまいがちなことです。特に、携帯電話からのメールは予測変換機能により、出てきた文字を選択するだけで文章になるため、言葉を深く考えないまま文章ができてしまうので注意が必要です。

　2つめは、個人情報に関する問題です。メールでのやりとりであるからこそ個人情報の取り扱いには十分注意が必要です。サイバーテロは一部の大企業をねらうだけのものではありません。セキュリティソフトの導入などの対策とともに、「このメールが外に流出する可能性もある」と常に意識して情報を取り扱ってください。

　3つめは、「24時間いつでも」という点です。ちょっとした空き時間に送ることができるということは、相手にはこちらのタイミング（都合）で届いてしまうということでもあるのです。タイムリーに届けられる反面、「（相手の状況に関係なく）こちらの都合で届いてしまう」ということです。

　また、パソコンのアドレスに送ったつもりでも、相手の携帯電話の設定でメールが携帯電話に転送されることもあります。こちらが手の空いた深夜にパソコンに送っても、相手が寝ている時間に携帯電話に通知が届いてしまうということです。

　メールは便利で優れた連絡ツールです。仕事で使う場合とプライベートで使う場合の区別をしっかり意識して活用してください。

■ メールのメリット

・使い慣れたツールであるため抵抗感がない。
・時間や場所をあまり選ばずに使うことができる。
・24時間、自分のペースで使うことができる。
・ペーパーレスである。
・資料やデータを添付することができる。

■ メールのデメリット

・気軽に使えるため、基本的なマナーが希薄になりがち。
・セキュリティ対策が必要。
・相手の環境（設定等）がわからないと、一方的なツールになってしまう。

メールを送る際の留意点

・宛先欄（TO・CC・BCC）を使いこなそう。TOは用件を伝えたい相手、CCは上司など内容を共有しておきたい相手、BCCは送ったことが相手に見えないのでアドレスを知られたくない場合などに有効。
・添付する資料のファイル形式によっては相手が開けないことがある。また、ファイルサイズが大きいとメールが届かない場合もある。事前に相手に確認するなどの配慮が必要。
・1件のメールにいろいろなことを詰め込むと、伝えたい内容がわからなくなるので、用件ごとにメールを分ける、用件の優先順位を明確にするなど工夫をする。

■参考　同じ文面の一斉送信例

以下はケアチームのメンバーへの一斉送信による連絡の例です。

中央病院　鈴木正夫Dr　　北部訪問看護ST　小川花子さん
中央介護　北田友子さん　中央デイサービス　東山三郎さん
福祉用具ささえ　安岡信一さん

西○春○様の件で以下2点ご連絡です。
①鈴木医師より、明日3月13日（水）よりインスリン量を下記の通り変更の指示がありましたので、ご連絡です。
【変更内容】　36単位→40単位
②明日3月13日（水）のデイサービスはお休みします。
本日、額（左目の上）の化膿部を切開して排膿しており、明日はその処置があるためデイはお休みとなります。
以上、宜しくお願いいたします。

鈴木先生
上記内容で伝達いたしました。今後デイ先での床ずれの処置に関して指示がありましたらお知らせください。訪問看護師の小川さん経由でもかまいません。

北田さん
先ほど留守番電話に入れた内容、インスリン量が変更となっておりますので宜しくお願いいたします。
＊障害の枠ですが、私の間違いがありましたので再度区役所に確認し、ご連絡いたします。

東山さん
明日デイサービスはお休みです。またインスリン量が増えています。
額の傷の処置等は別途ご連絡いたします。

安岡さん
先ほど留守番電話入れました。明日はデイに行きませんので、クッションの交換は明日以外でお願いします。

　　　　　　　　　　　　　　　　北部ケアマネジメントステーション　山田和子
　　　　　　　　　　　　　　　　電話00-0000-0000　FAX00-0000-0000

医療・他職種と上手に「つながる」文章とは

⑱ SNSのマナー

　日常的にSNS（ソーシャルネットワーキングサービス）を使っている人も多くいるかと思います。最近は会社の公式アカウントを使ってSNSへの投稿をしている人も珍しくありません。

　会社のイメージアップや求人などには非常に大きな効果があるSNSですが、手軽であるが故のミスがないように注意して大いに活用いただければと思います。

手軽さが招く「うっかり」に気をつけよう

　個人のアカウントでSNSを使用している人の多くは友人とのコミュニケーションや同じ趣味などをもつ仲間との情報交換などに使われていると思います。

　スマートフォンからいつでも気軽に写真や自分の考えなどを発信できることは、今やそれほど珍しいことではありません。

　しかし、SNSの多くは通常、世界中の誰からでも見ることができます。あなたの投稿を利用者やその家族も見ているということを前提に考え、投稿内容には十分な注意と配慮をすることを忘れないでください。誤って個人情報が流失してしまう、意図的ではないとしてもプライバシー侵害に該当してしまった場合、個人と会社では事の重大さが大きく変わってしまいます。

　日頃から個人情報を強く意識している私たちですので文章の投稿でこのようなことはないと思いますが、写真の投稿はスマートフォンなどの操作ミスで事故につながることが考えられます。

■ SNSのメリット
・ローコストで事業所の求人やPRができる。
・見る側にとっても非常に身近なツールとなっている。
・多くの人を対象に発信できる。

■ SNSのデメリット
・見る相手によっては一方的な解釈に取られてしまう。

- 個人と法人の境界線があいまいになりやすい。
- 自社の批判や中傷につながりやすい。

SNS利用の留意点

- 特にスマートフォンでは画像選択のミスタッチをしないよう十分に注意する。
- 公私混同を避けるため会社の端末と個人の端末を明確に分けた方がよい。
- たとえ同意を得ていたとしても利用者、家族にかかわる内容、画像を投稿することは避けた方がよい。
- 手軽な分だけ文章も雑にならないようにしよう。
- いわゆる「炎上」を避けるためにも投稿内容は極端に自己主張に偏らないように。

第2章

書ける！実践ケアプラン

利用者が生き生きと暮らすためのケアプランを作成するには、本人・家族の想いを聞き取る力、それを各種関係機関と共有できるような文章力が必要です。本章では、事例を元に各様式の主要項目のOK例、NG例を示しながら文章作成のコツを具体的に学びます。

各種様式の目的と書き方のポイント

① アセスメントシート

　アセスメントシートは、利用者の心身状態を把握するために面談で聞き取りを行い、そこで得た情報を整理するための様式です。

　すべての様式に共通することですが、これらはただ項目を埋めることが目的ではありません。書かれた内容は、根拠が明らかである必要があります。「何のために書くのか」という目的を自覚し、根拠がわかるように書きましょう。

　例えば、訪問した際に聞くことができた「室内を10m歩くことができる」という情報に対して、ケアマネジャーがもつべきアセスメントの視点は「10m歩けることで何ができるのかを評価する（見立てる）こと」です。そして、この見立てを暮らしに活かすことで、本人の望む生活像にどうやって近づけていくかを考えるのがケアマネジャーの仕事です。

　アセスメントは1回で完結するものではありません。時間の経過とともに変化する項目、内容もあれば、サービス提供事業所でのモニタリングや認定調査票、主治医意見書などからわかることもあります。そのような事柄を書き足していくことで、徐々に深まっていくものなのです。それこそがケアマネジャーが行うアセスメントの意義です。

　また、アセスメントシートはサービス利用前にサービス提供事業所に提出することもあります。これを踏まえて、できるだけ具体的に記載しておくようにしましょう。

課題分析標準項目

　アセスメントがケアマネジャーの個人的な考えや手法のみによって行われることを防ぐために、厚生労働省は23項目の課題分析標準項目を設けています。

　2023年10月に課題分析標準項目の改正が行われました（介護保険最新情報Vol.1178（令和5年10月16日））。この改正に関するQ&A（介護保険最新情報Vol.1179（令和5年10月16日））でも示されているように、全体的に具体的な加筆が増えているものの、すべての情報収集をしなければならないというこ

とではなく、利用者の課題分析に必要な情報を収集するための例示として示されています。以下で、事例に即して記載します。

■ 課題分析標準項目

基本情報に関する項目

No.	標準項目名	項目の主な内容（例）
1	基本情報（受付、利用者等基本情報）	居宅サービス計画作成についての利用者受付情報（受付日時、受付対応者、受付方法等）、利用者の基本情報（氏名、性別、生年月日、住所、電話番号等の連絡先）、利用者以外の家族等の基本情報、居宅サービス計画作成の状況（初回、初回以外）について記載する項目
2	これまでの生活と現在の状況	利用者の現在の生活状況、これまでの生活歴等について記載する項目
3	利用者の社会保障制度の利用情報	利用者の被保険者情報（介護保険、医療保険等）、年金の受給状況（年金種別等）、生活保護受給の有無、障害者手帳の有無、その他の社会保障制度等の利用状況について記載する項目
4	現在利用している支援や社会資源の状況	利用者が現在利用している社会資源（介護保険サービス・医療保険サービス・障害福祉サービス、自治体が提供する公的サービス、フォーマルサービス以外の生活支援サービスを含む）の状況について記載する項目
5	日常生活自立度(障害)	「障害高齢者の日常生活自立度（寝たきり度）」について、現在の要介護認定を受けた際の判定（判定結果、判定を確認した書類（認定調査票、主治医意見書）、認定年月日）、介護支援専門員からみた現在の自立度について記載する項目
6	日常生活自立度（認知症）	「認知症高齢者の日常生活自立度」について、現在の要介護認定を受けた際の判定（判定結果、判定を確認した書類（認定調査票、主治医意見書）、認定年月日）、介護支援専門員からみた現在の自立度について記載する項目
7	主訴・意向	利用者の主訴や意向について記載する項目 家族等の主訴や意向について記載する項目
8	認定情報	利用者の認定結果（要介護状態区分、審査会の意見、区分支給限度額等）について記載する項目
9	今回のアセスメントの理由	今回のアセスメントの実施に至った理由（初回、要介護認定の更新、区分変更、サービスの変更、退院・退所、入所、転居、そのほか生活状況の変化、居宅介護支援事業所の変更等）について記載する項目

① アセスメントシート

課題分析（アセスメント）に関する項目

No.	標準項目名	項目の主な内容（例）
10	健康状態	利用者の健康状態及び心身の状況（身長、体重、BMI、血圧、既往歴、主傷病、症状、痛みの有無、褥そうの有無等）、受診に関する状況（かかりつけ医・かかりつけ歯科医の有無、その他の受診先、受診頻度、受診方法、受診時の同行者の有無等）、服薬に関する状況（かかりつけ薬局・かかりつけ薬剤師の有無、処方薬の有無、服薬している薬の種類、服薬の実施状況等）、自身の健康に対する理解や意識の状況について記載する項目
11	ADL	ADL（寝返り、起きあがり、座位保持、立位保持、立ち上がり、移乗、移動方法（杖や車椅子の利用有無等を含む）、歩行、階段昇降、食事、整容、更衣、入浴、トイレ動作等）に関する項目
12	IADL	IADL（調理、掃除、洗濯、買物、服薬管理、金銭管理、電話、交通機関の利用、車の運転等）に関する項目
13	認知機能や判断能力	日常の意思決定を行うための認知機能の程度、判断能力の状況、認知症と診断されている場合の中核症状及び行動・心理症状の状況（症状が見られる頻度や状況、背景になりうる要因等）に関する項目
14	コミュニケーションにおける理解と表出の状況	コミュニケーションの理解の状況、コミュニケーションの表出の状況（視覚、聴覚等の能力、言語・非言語における意思疎通）、コミュニケーション機器・方法等（対面以外のコミュニケーションツール（電話、PC、スマートフォン）も含む）に関する項目
15	生活リズム	1日及び1週間の生活リズム・過ごし方、日常的な活動の程度（活動の内容・時間、活動量等）、休息・睡眠の状況（リズム、睡眠の状況（中途覚醒、昼夜逆転等）等）に関する項目
16	排泄の状況	排泄の場所・方法、尿・便意の有無、失禁の状況等、後始末の状況等、排泄リズム（日中・夜間の頻度、タイミング等）、排泄内容（便秘や下痢の有無等）に関する項目
17	清潔の保持に関する状況	入浴や整容の状況、皮膚や爪の状況（皮膚や爪の清潔状況、皮膚や爪の異常の有無等）、寝具や衣類の状況（汚れの有無、交換頻度等）に関する項目
18	口腔内の状況	歯の状態（歯の本数、欠損している歯の有無等）、義歯の状況（義歯の有無、汚れ・破損の有無等）、かみ合わせの状態、口腔内の状況（歯の汚れ、舌苔・口臭の有無、口腔乾燥の程度、腫れ・出血の有無等）、口腔ケアの状況に関する項目
19	食事摂取の状況	食事摂取の状況（食形態、食事回数、食事の内容、食事量、栄養状態、水分量、食事の準備をする人等）、摂食嚥下機能の状態、必要な食事の量（栄養、水分量等）、食事制限の有無に関する項目
20	社会との関わり	家族等との関わり（家庭内での役割、家族等との関わりの状況（同居でない家族等との関わりを含む）等）、地域との関わり（参加意欲、現在の役割、参加している活動の内容等）、仕事との関わりに関する項目

No.	標準項目名	項目の主な内容（例）
21	家族等の状況	本人の日常生活あるいは意思決定に関わる家族等の状況（本人との関係、居住状況、年代、仕事の有無、情報共有方法等）、家族等による支援への参加状況（参加意思、現在の負担感、支援への参加による生活の課題等）、家族等について特に配慮すべき事項に関する項目
22	居住環境	日常生活を行う環境（浴室、トイレ、食事をとる場所、生活動線等）、居住環境においてリスクになりうる状況（危険個所の有無、整理や清掃の状況、室温の保持、こうした環境を維持するための機器等）、自宅周辺の環境やその利便性等について記載する項目
23	その他留意すべき事項・状況	利用者に関連して、特に留意すべき状況（虐待、経済的困窮、身寄りのない方、外国人の方、医療依存度が高い状況、看取り等）、その他生活に何らかの影響を及ぼす事項に関する項目

事例概要

66ページからの各種様式は下記の事例に則り、作成のポイント等を解説しています。本人の背景を踏まえて読み進めると、OK例・NG例の根拠が理解できると思います。

■ 基本情報に関する項目

課題分析標準項目No.	標準項目名	主な内容
1、9	・基本情報（受付、利用者等基本情報） ・今回のアセスメントの理由	齋藤浩一様　1939.1.7（85歳）男性 　　　　　　横浜市横浜区●●●●　電話045-●●●-●●●● 　　　　　　妻と二人暮らし 妻　：齋藤洋子（82歳） 　　　　主介護者　＊要支援1（サービス利用なし） 長男：齋藤勉（55歳） 　　　車で10分程の場所に妻、息子1人と三人暮らし。建築業を営む。 長女：小川紀子（51歳） 　　　他県に住んでおり、訪問は少ないが電話などは頻回にしてくれている。 ・長男、長女ともに両親の介護には関心をもっており、関係性も良好。 ・2024年1月29日、中央病院岡本MSWより電話にて退院後のケアプラン作成依頼あり。受付対応者：原田保
2	これまでの生活と現在の状況	・横浜区●町に生まれ育ち、家業の理髪店を継ぐ。25歳の時に結婚し1男1女を授かる。妻は理髪店を手伝いながら出産後は専業主婦をしてきた。 ・70歳の時に店を閉めて隠居生活を始める。仕事柄、近所の人との交流もあり、日課の散歩で公園に行き友人との会話を楽しんだり、店の常連さんと釣りやカラオケを楽しんでいた。妻は旅行が好きで、「海外にも行った。パリが一番よかった」と話す。 ・入院前は食事、入浴、排泄は単独で行えており、家事は妻が行っていた。金銭管理や外来受診、服薬、インスリンの管理も自身で行っていた。 ・自宅は40年前に購入した戸建てでトイレや浴室入口にも段差がある。トイレは1階、2階にそれぞれあるが、両方とも手すりはない。浴室にも手すりはない。 ・家は坂の途中にあり、近隣にスーパーなどはない。
3、8	・利用者の社会保障制度の利用情報 ・認定情報	介護保険情報：要介護3（認定有効期間2024.3.1～2024.12.31） 　　　　　　　負担割合　1割 医療保険情報：後期高齢者医療保険　1割 その他　　　：身体障害者手帳1級1種（左半身麻痺）

課題分析標準項目No.	標準項目名	主な内容
4	現在利用している支援や社会資源の状況	入院前までは市町村サービス、介護保険サービスの利用はない。
5	日常生活自立度（障害）	障害高齢者の日常生活自立度　B2 ADL、IADLはB2相当ではあるが、自宅に戻るにあたり、環境次第ではB2相当以上に介護量を要することも想定される。
6	日常生活自立度（認知症）	認知症高齢者の日常生活自立度　Ⅰ 認知機能に関してはⅠ相当が妥当と思われる。
7	主訴・意向	（本人）「退院は不安だけれど家が一番いいよ。トイレのことが一番心配。リハビリは続けたほうがよいと思っている」 （妻）「お父さんは体が大きいから転んだら私には起こせない。転ぶのが一番心配」 （長男）「手伝えることはやるつもり。妻も手伝ってくれると言っている。年寄り二人で、夜何かあった時に心配。体がなまらないようにリハビリをさせたい」 （長女）連絡が取れておらず意向は不明。

■ 課題分析（アセスメント）に関する項目

課題分析 標準項目 No.	標準項目名	主な内容
10	健康状態	・○年○月に脳出血にて中央病院へ救急搬送。左半身麻痺を受傷しリハビリを行っている。 ・既往歴は、○年に小林整形外科にて変形性膝関節症、腰痛症の診断。○年に佐藤内科にて糖尿病、高血圧の診断を受ける。 ・小林整形外科には現在通院しておらず、佐藤内科には月2回、妻と受診している。痛み止めも佐藤内科より処方あり。定期的にきちんと受診していた。 ・退院後は通院のための交通手段がなく受診が困難となることが想定されるため、訪問診療への切り替えも想定される。
11	ADL	・受傷後のADLはベッドからの起居動作は支持物があれば可能だが、コンディションにより介助が必要なレベルである。立ち上がり、立位保持は支持物がしっかりしていることを前提に可能。 ・立位保持は30秒程度が限界。リハ室では4点杖を利用しPTが付き添い20メートル程度の歩行は可能。トイレ移動、排泄動作には人的介助が必要なレベル。 ・食事はセットすれば自立。更衣は時間をかければ何とかできるが、衣類を整えるなど一部介助を要する。 ・入浴は病院では機械浴、全介助。 ・単独での外出は想定外と判断。
12	IADL	今までの生活実態も含め、本人が家事を行うことは想定外。自身が単独で行っていたインスリン自己注射に関しては、入院中も練習しており単独できているとのことであった。
13	認知機能や判断能力	認知機能に関しては顕著な問題はないと評価できる。
14	コミュニケーションにおける理解と表出の状況	・発語が少し弱々しいが構音はしっかりしており、本人からの訴えは理解ができる。 ・聴覚、理解能力も大きな問題はなくこちら側からの質問や意向も理解できている。 ・視覚に関しても問題なく意思の疎通は図れている。
15	生活リズム	・入院当初は不眠に対する訴えがあったが処方薬はなかった。現在は環境に慣れたこともあるのか不眠の訴えはない。 ・夜間、トイレに1、2回程度起きることはあるが、その後眠れないこともない。 ・妻からは入院前も不眠、夜間頻尿はなかったとの話。

課題分析標準項目No.	標準項目名	主な内容
16	排泄の状況	・病院では昼夜共にコールにてトイレで排泄。移動は車椅子、ズボンの上げ下げなどは一部介助にて行っている。夜間は1、2回の排尿あり。 ・常時、予備的にリハビリパンツを着用している。 ・尿意、便意共にあり失禁はない。 ・退院後は環境、介護力、介助方法を踏まえて検討が必要。
17	清潔の保持に関する状況	病院では機械浴で全介助となっている。退院後は、自宅での入浴は訪問看護での入浴が想定される。
18	口腔内の状況	・義歯管理は入院前も自身でできていた。上下ともに奥歯が部分義歯となっている。右手にて義歯の取り外し洗浄液での管理はできている。 ・歯磨きも洗面台へ移動させてもらえれば単独で可能。 ・定期的な歯科受診はしていなかったとのこと。現在、咀嚼嚥下に不自由はないと話す。
19	食事摂取の状況	・病院では糖尿食で対応していたとのこと。食形態は軟飯、軟菜。 ・自宅では糖尿病を考慮して妻が加減していたとのこと。 ・長男より、退院後は妻の負担も考慮し糖尿病食の宅配なども検討したいとの意向あり。
20	社会との関わり	本人は、「散歩や釣りは難しいかな・・・」と話す。
21	家族等の状況	・長男、長女との関係性は良好であり在宅介護には関与してくれると思われる。 ・入院中は主に長男夫婦が着替えをもって来るなどかかわっているとのこと。 ・長女は他県に住んでおり、実際の介護力としては見込めないと思われる。
22	居住環境	・自宅は戸建て。2階建てで1階にリビングと浴室、トイレがあり、2階に寝室、トイレがある。 ・長男夫婦は退院に合わせ寝室を1階にしようと考えているとのこと。 ・室内を車椅子移動と想定した場合、寝室から廊下へ出るところが少し狭くトイレも扉が開き戸であることから、アプローチが困難と思われる。 ・近隣にスーパーなどがなく、妻単独での買い物には苦慮することが想定される。
23	その他留意すべき事項・状況	妻はサービス利用料に対し、「あまり長くなると費用がかさむからね」と経済面での不安がある様子であった。

① アセスメントシート

各種様式の目的と書き方のポイント

② 居宅サービス計画書(1)(第1表)

介護保険証で確認し、必要事項を記載してください。

第1表				居宅サービス
利用者名		殿	生年月日	年　　月
居宅サービス計画作成者氏名				
居宅介護支援事業者・事業所名及び所在地				
居宅サービス計画作成(変更)日　　年　　月　　日			初回居宅サービス計画作成日	
認定日　　年　　月　　日　　認定の有効期間			年　　月　　日　～	
要介護状態区分	要介護1　・　要介護2　・　要介護3　・			

利用者及び家族の生活に対する意向を踏まえた課題分析の結果
利用者と家族の想いを聞き取り、それぞれの意向を分けて記載します。ケアマネジャーが課題分析をして導き出した自立支援に資する課題を記載します。
逐語を使うと本人・家族の意向が伝わりやすくなります。口頭で説明する場面を想定して「～というご意向でしたね」と話すように考えるとよいでしょう。
　→ OK・NG例は68ページ

介護認定審査会の意見及びサービスの種類の指定
審査会、保険者からの意見や給付の制限などが記載されている場合があります。必ず介護保険証を確認しましょう。介護保険証に記載がない時は「なし」と記入します。

総合的な援助の方針
アセスメントで聞き取った利用者・家族が考えている今後の生活像を要約して記載します。介護サービスの種類を列挙するよう指導をしている自治体もあるので、必要に応じて保険者に確認しましょう。
　→ OK・NG例は70ページ

生活援助中心型の算定理由
1. 一人暮らし　2. 家族等が障害、疾病等　3. その他（

●第1表＿記載のポイント

・利用者の基本情報（氏名、生年月日、被保険者番号等を間違えていないか必ず介護保険証で確認しましょう。
・利用者本人や家族の意向等を記載し、支援の方向性を記載する様式です。
・利用者の生活を総合的に、かつ効果的に支援することが大切です。利用者本人の計画書であることを念頭におき、わかりやすく記載します。
・各項目が課題分析のために把握したアセスメント結果と整合性があるかがポイントとなります。

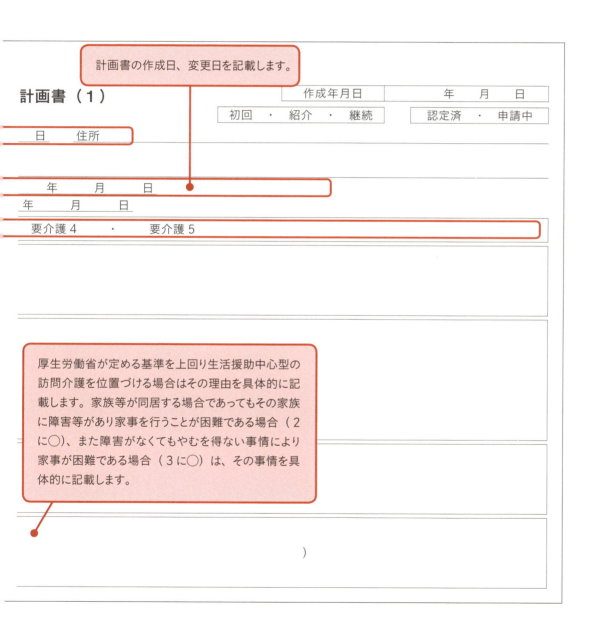

各種様式の目的と書き方のポイント

②居宅サービス計画書(1)(第1表)
利用者及び家族の生活に対する意向を踏まえた課題分析の結果

OK例

(本人)「退院は不安だが、住み慣れた家での生活を続けたい。やってみないとわからないことも多いと思っている。トイレにひとりで行けるようになりたい」
(妻)「退院するのはいいけど、転倒が一番心配です」
(長男)「仕事があり常時介護にかかわるのは難しい。特に夜間が心配です」

OKのポイント

・本人の自立に向けた意向が具体的に把握できています。
・本人、妻、長男それぞれの意向を分けて記載することで、誰が何に対してどのような考えをもっているのかを明確に記しています。
・本人、家族の「想い」を記載する欄には逐語を使うのも有効です。
・「〜というご意向ですね」と確認できる文章を意識してつくるとよいでしょう。

NG例

- 病院からもそろそろ退院と言われているので退院の準備をしてほしい。
- 転ぶのが心配なので車椅子を貸してほしい。
- 夜のおむつ交換にヘルパーをお願いしたいと思っています。

NGのポイント

- 文章を羅列するだけでは、誰の意向なのか不明です。せっかくの逐語も誰の発言なのかわかりません。
- 「病院からもそろそろ退院と言われている」という書き方は、退院に対してネガティブな感じであるばかりでなく、病院が退院を迫っているようにも読み取れます。「病院からは退院しても大丈夫だといわれている」とすれば、利用者にも病院にも配慮した文章になります。帳票類の記載にあたっては、関係者への心づかいを忘れないでください。

②居宅サービス計画書(1)(第1表)

総合的な援助の方針

 OK例

浩一様だけでなく、ご家族も退院後の生活には不安が多くあると思います。今後は糖尿病の悪化や脳出血の再発にも注意が必要です。転倒や病状悪化のあった時は、早目に医師と連絡を取り対応していきます。
体調急変時は原則として救急対応を行います。判断に迷う場合は主治医に連絡を取り指示を仰ぎます。
　主治医：佐藤内科　＊＊＊-＊＊＊＊
　緊急連絡先：斎藤勉（長男）090-＊＊＊＊-＊＊＊＊
　　　　　　　小川紀子（長女）080-＊＊＊＊-＊＊＊＊

OKのポイント
・利用者、家族がどのような支援を受けるかがイメージできます。
・介護にかかわる家族への配慮をひと言加えることで、本人だけでなく家族も視野に入れたケアプランであることが伝わります。
・口頭で説明することを想定して「〜といった方向で考えています」と伝えられる文章にすることで、まとまりがよくなります。
・医学的に急変が考えられる場合は、救急搬送を原則としておくとよいでしょう。
・主治医連絡先、家族連絡先などは記載しておきましょう。

NG 例

退院後の不安はあると思いますが、自宅で安心して生活できるように支援していきます。
転倒が怖いと思いますので、車椅子をレンタルして転ばないようにします。
夜間のおむつ交換はヘルパーさんにお願いしましょう。
本人は「家がいい」と言っているので、なるべく救急車は呼ばない方がよいでしょう。

NGのポイント

- 「その人にとって安心できる暮らしを実現するために何を支援していくか」を具体的に記載する必要があります。
- 車椅子レンタル、ヘルパー導入などの具体的なサービスは居宅サービス計画書（第2表）に記載します。ここに記載すると、「サービスありき」という前提の中でケアプランを考えていくことになってしまいます。
- 緊急対応の方法について、本人の言葉からプランを考えていくことは大切な思考ですが「救急車を呼ばない方がよい」は個人的な考えといえます。

各種様式の目的と書き方のポイント

③ 居宅サービス計画書(2)(第2表)

第2表

居宅サービス

利用者名　　　　　　　　　　　　　　　　　　殿

生活全般の解決すべき課題（ニーズ）	目標				サー
	長期目標	（期間）	短期目標	（期間）	

生活全般の解決すべき課題（ニーズ）
- 第1表の「利用者及び家族の生活に対する意向を踏まえた課題分析の結果」を元に、利用者・家族が望む生活に至らない理由や障害となっている事柄を優先順位の高いものから順に記載します。
- 「本当は○○のようにしたいが、××なのでできない」と考え、記載は「××のため○○できない」とするのがコツです。
➡ OK・NG例は74ページ～

長期目標
- 課題を克服できた時の生活をイメージして、長期目標を記載します。
- 大事なことは「利用者がどのようになりたいと思っているか」ということ。「何ができることで、本人の望む何を達成できるか」を理解して目標をたてましょう。
➡ OK・NG例は76ページ～

短期目標
- 長期目標に到達するために「利用者・家族が取り組んでいくべき行動、心がけ」を具体的に記載します。
- 文章作成のポイントとして、口頭説明の際に「○○を当面の目標にしましょう」となるように考えてみましょう。
➡ OK・NG例は78ページ～

※1 「保険給付の対象となるかどうかの区分」について、保険給付対象内サービスについては○印を付す。
※2 「当該サービス提供を行う事業所」について記入する。

● 第2表　記載のポイント

- 課題を解決するための支援方法や支援者、支援回数などを具体的に記載する様式です。
- 「生活全般の解決すべき課題（ニーズ）」は、第1表で明らかになった利用者・家族が望む生活のために障害となっている事柄を記載します。
- 目標を達成するために利用者自身が取り組めること、家族や地域で協力できること、またケアチームとして支援することを具体的に記載する。
- 援助内容は「サービス内容」を先に考えます。「どんなサービスを使うか」から考えないことが大切なポイントです。

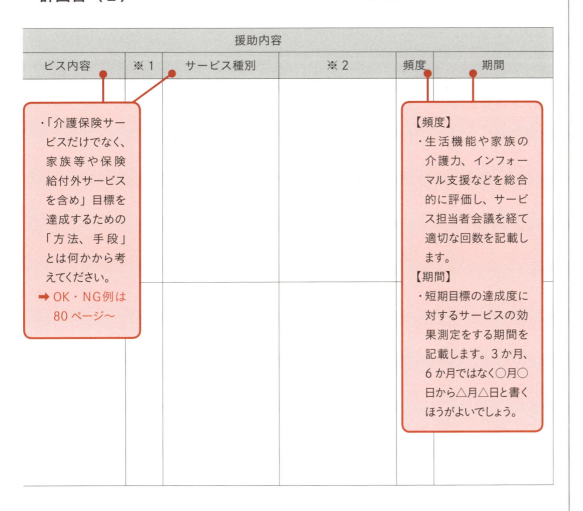

③居宅サービス計画書(2)(第2表)
生活全般の解決すべき課題（ニーズ）

◯ OK例

①脳出血の既往があり、持病に高血圧、糖尿病もあることから退院後も定期的な受診が必要である。
②左麻痺になったため、入院前の住環境のままでは自立した生活を送るのが困難である。
③排泄、入浴などの生活行為には支援が必要だが、妻ひとりでの介助は難しい。他の家族は仕事があり常時介助をすることは困難である。
④身体機能の改善に意欲をもっている。

OKのポイント

①「生活全般の解決すべき課題（ニーズ）」は「～をするためには～が課題となる」と考えるとよいでしょう。
　脳出血の既往だけでなく、高血圧、糖尿病という持病がある齋藤さんにとって、定期的な受診は必要不可欠です。これを「課題」という視点から整理すると「定期的な受診ができない」⇒「定期的な受診が必要である」となります。

②脳出血による左半身麻痺は齋藤さんの生活を一変させています。発症前の住環境と発症後の身体機能の間のギャップも課題になるでしょう。

③本人の心身状態だけでなく家族がもつ力も課題を考えるうえでの重要な要素です。
　「妻ひとりの介護」「他の家族の仕事」は本人の支援、介助という側面から見るとマイナス要素です。
　「妻の介護が望める」「仕事はあるが介護には積極的である」とポジティブに書くこともできますが、実際に介護をする家族には負担になるかもしれません。ここでは「介護力が課題である」ことを明確にしておくとよいでしょう。

④本人の意欲の有無は重要な要素です。身体機能だけでなく精神面についてもしっかりアセスメントしましょう。

NG 例

①高血圧、糖尿病がある。
②脳出血で左麻痺が残ってしまったため歩くことができなくなってしまったので移動には車椅子を使う。
③排泄、入浴など身体的な介護が必要であるため、妻と長男への負担が大きい。
④リハビリを続けたいのでリハビリを受けたい。デイケアに行けばお風呂にも入れるのでそちらのほうがよい。

NGのポイント

①確かに高血圧も糖尿病も課題です。しかし、この書き方では課題を具体的にイメージすることができません。
　例えば、高血圧による脳出血の再発予防が課題のこともあれば、糖尿病の合併症が課題となる場合もあります。課題を明確にしておかなければ、ニーズに合ったケアプランを立てることはできません。
②「車椅子を使う」だけでは決定事項を記載しているにすぎません。「歩くことができないので、〜が課題となる」と考えましょう。
③この文では、主体が妻、長男になってしまっています。本人を主体とした書き方にしてください。
④リハビリへの意欲に注目しているのはよい視点です。「リハビリを受けたい」という言葉からリハビリの継続が本人のニーズであることがわかります。ただし、リハビリと入浴の情報が混在してわかりにくくなっています。「〜をするためには〜が課題となる」という基本的な考え方で見直す必要があります。

③ 居宅サービス計画書(2)（第2表）

各種様式の目的と書き方のポイント

③居宅サービス計画書(2)(第2表)
長期目標(期間)

OK例

①脳出血の再発を予防し、自宅で自立した生活を続けられる。	2024.3.10 ～ 12.31
②身体状況に合わせて転倒リスクを軽減できるように、住環境を見直す。	2024.3.10 ～ 12.31
③身体状態を維持しながら、清潔で衛生的な生活環境で暮らすことができる。	2024.3.10 ～ 12.31
④身体機能が改善して、トイレでの排泄動作ができるようになる。	2024.3.10 ～ 12.31

OKのポイント

　長期目標は、先に挙げた課題(ニーズ)が評価期間の終了時にどのような状態になっているかをイメージし、その生活像(状態像)を文章にすると考えましょう。期間は介護保険証に記載されている有効期間とすることが多いと思いますが、設定した理由は明確に説明できるようにしておきましょう。

①病気の再発を予防することが最重要項目なので、病気が再発せず「家が一番いい」という利用者の想いが実現しているという生活像を表現します。

②転倒に関する不安があるため、住環境も身体状況に合わせて変化していきます。「見直し」という言葉を使っている点に注目してください。見直しは変更とは違い、評価して現状に問題がなければ継続という可能性を含んでいます。

③衛生状態に関する項目は、定型句になりがちです。しかし、必ず個別性があります。その人にとっての衛生状態や清潔保持のイメージをアセスメントから導き、記載してください。より個別具体的な内容は、短期目標に挙げるほうがよいでしょう。

④リハビリによる身体機能に対する項目です。アセスメントから主たる意向として聞き取った「排泄の自立」に関して具体的な生活像を記載しています。

NG例

①定期的に健康診断を受ける。	2024.3.10 ～ 12.31
②車椅子で室内を移動できるように環境を整える。	2024.3.10 ～ 12.31
③介護負担を軽減しながら自宅での生活を続けていく。	2024.3.10 ～ 12.31
④麻痺を改善して歩けるようになる。	2024.3.10 ～ 12.31

NGのポイント

①定期的な健康診断は今後の生活にとって重要なことです。しかし、ここは長期目標を記載する欄ですから、健康診断を受けることによってどのような状態になりたいのかを記載します。例えば、「定期的に健康診断を受けることで病状の悪化や再発を予防できる」とするとよいでしょう。

②環境を整えることが目標になってしまっています。齋藤さんが車椅子で室内を移動できるようになることが、自立した生活につながっていく、そのために環境を整える必要がある、と考えると「室内の環境を整え、車椅子で自立した生活を送ることができる」となり、齋藤さんが目標とする生活像を表現できます。

③文章の主語を利用者とするのか介護者とするのかで内容が変わります。介護者の立場から考えなくてはならないこともありますので、視点自体は悪くありません。例えば、「家族による介助が難しい入浴や排泄行為が適切な支援体制で行えるようになる」などとしてはどうでしょう。

④アセスメントで把握した情報からかけ離れた目標を設定してはいけません。目標はケアマネジャーや利用者・家族の「単純な夢」ではなく、本人、家族が実現したい「生活像」「状態像」を表現します。このままでは、②と④の内容が矛盾しています。項目の内容に一貫性がないとケアプラン自体が成り立たなくなってしまうので気をつけてください。

③居宅サービス計画書(2)(第2表)

短期目標（期間）

OK 例

①医師と相談しながら受診、検診を定期的に行うことができる。	2024.3.10 〜 8.31
②安全に排泄動作が行えるように住環境を整える。	2024.3.10 〜 4.30
③身体状況と浴室の環境を確認し、適切な清潔ケアの方法を検討し実施できる。	2024.3.10 〜 4.30
④排泄動作に必要な動作の練習をする。	2024.3.10 〜 5.31

OKのポイント

　短期目標のポイントは、長期目標との一貫性です。「長期目標の生活像（状態像）となるように、○○に取り組む」というイメージで考えるとよいでしょう。

　期間については、慢性疾患がある人の受診は継続的に続くので支援方法が確立していれば設定しやすいでしょう。一方、やってみないとわからない環境調整は短期間での評価が必要となります。

①脳出血が再発しないように、受診に取り組むとしています。

②退院前に完璧な住環境を整えるのは難しいことです。当面は試行錯誤しながら整備することが目標になるでしょう。ここでは、アセスメント内容から排泄に注視し、まず「排泄動作」に対する環境整備を目標としています。

③「麻痺があるため自宅での入浴（清潔ケア）ができない」とするのではなく、さまざまな要因を確認し、検討しながら自宅での入浴を実施しようとしていることがわかりやすく記載されています。

④②同様「排泄」についての記載ですが、②は排泄の「環境」についてであり、④は排泄の「動作」に対する内容となっています。

NG 例

①受診の介助をする。	3か月
②環境の確認と体格に合った車椅子の選定。	1か月
③看護師に来てもらい入浴を手伝ってもらう。	6か月
④頑張ってリハビリを続ける。	6か月

NGのポイント

　期間は基本的に、「〇か月」などとせず日付で記載します。

①「慢性疾患に対する受診の介助を行う」というように受診の目的等を記載すると、利用者、家族、サービスを提供する事業所にもより具体的な支援の内容が伝わります。

②目標ではなく退院前の確認事項のようになってしまっています。住環境を確認したうえで車椅子を選定し「それを使った生活実態を把握する」ことで次の課題が見つかるのです。目標という視点で考えると「車椅子での生活に障害となる環境を改善できる」となります。

③具体的なサービス名を書いているので、「サービスありき」の計画になっています。サービスを記載する必要がある場合は「事故なく安全に入浴するために、看護師に手伝ってもらい入浴できる」などと工夫をしてみましょう。

④単なる励ましの言葉になっています。前述した長期目標のNG例「④麻痺を改善して歩けるようになる」が短期目標に影響しているのです。短期目標が長期目標とほぼ一緒になってしまう時には、アセスメントを見直し、ニーズの捉え方や表現が適切だったかを再検討してみるとよいでしょう。

③居宅サービス計画書(2)(第2表)

サービス内容／サービス種別

 OK 例

サービス内容	サービス種別
①通院支援 　診察の付き添い	ご家族による通院同行 ＊診察はご家族による付き添いをお願いします
②福祉用具の活用 　車椅子及び付属品、手すりのレンタル	福祉用具貸与 ＊トイレには置き型の手すりを準備します
③全身状態を確認しながら入浴の支援を行う ＊通所施設での入浴支援の検討	訪問看護による自宅での入浴介助 ＊通所介護、通所リハビリ（検討項目） 　自宅での入浴が難しい場合は通所などでの入浴を検討しましょう
④自宅でのリハビリ 　排泄動作に対するリハビリ 　歩行維持のためのリハビリ	訪問リハビリ（訪問看護ステーションより）

OKのポイント

　サービス内容とサービス種別は長文で記載する項目ではありませんが、記載内容のポイントを見ておきましょう。

①この事例では通院が大きなポイントなので、いつ、誰が、どのように支援するかをはっきりさせておくことが大切です。

②福祉用具は複数を組み合わせて使うことが想定されます。それぞれの用具の目的や使用場面などを記載しておくとわかりやすくなります。

③自宅で入浴介助を行い、後日看護師からのコメントなども踏まえて通所での入浴支援を検討していく内容です。型にとらわれず提案事項なども適宜記載すると、より関係者に伝わるケアプランにすることができます。

④短期目標を意識した、具体的で一貫性のある内容になっています。

NG例

サービス内容	サービス種別
①受診介助	家族
②車椅子のレンタル	福祉用具貸与
③入浴介助 　清潔ケア	訪問看護
④訪問リハビリ	訪問看護

NGのポイント

　サービス内容、サービス種別は介護保険サービスで対応できるものばかりではありません。さまざまな方法、多様な提供機関があります。利用者・家族にとっては誰がどのような支援をするのかは大切な情報ですから、具体的に書く必要があります。

①サービス種別に「家族」とだけ書かれていると、「家族にやってもらう」というように読めてしまいます。家族に配慮した言葉を補うとよいでしょう。

② NG の原因は目標の立て方（書き方）にあります。ニーズから目標、サービス内容、サービス種別までが一貫していないからです。

③入浴や清潔ケアに関して、訪問看護で対応できるのかは退院直後は何ともいえない状況です。確実性のない事柄については、OK 例③のように「難しい場合は○○も検討しましょう」などと他のサービスを提案するとよいでしょう。

④訪問リハビリは、訪問看護ステーションだけでなく、訪問リハビリテーション事業所も行っています。誤解が生じないように事業所名を記載しておくとよいでしょう。

福祉用具の選択制について

　2024 年の報酬改定により一部福祉用具をレンタルするか、購入するかを選択することができるようになりました。

　対象商品は「固定用スロープ」、「歩行器（車輪のない物）」、「単点杖（ロフストランドクラッチ等）」、「多点杖（4 点杖等）」の 4 項目となります。

　レンタルにするか、購入にするかの選択はあくまでも利用者が決定することになります。ケアマネジャーは可能な限り、医学的所見を確認する必要性があります。とはいえ、実際に医師に意見を求めることは容易ではありません。

主治医意見書などを活用するのもひとつではないでしょうか。

次に、担当者会議においてレンタルか購入かについて検討します。参加者の中に看護師や理学療法士などの医療職がいる場合は、その方々からの意見が医学的所見ともいえるでしょう。

ケアマネジャーは担当者会議議事録に福祉用具のレンタル、購入について検討した旨をきちんと記載しておきます。

サービス担当者会議の議事録の記載例

想定場面：大腿骨骨折後の歩行器導入時のサービス担当者会議

検討内容

・福祉用具（歩行器）の選択制について

結論

・室内歩行に関しては、環境等を考慮し、ピックアップ式歩行器が適切ではないかと理学療法士から意見あり。福祉用具担当者から商品選定をしてもらい、体格に合った商品の説明をしてもらいデモ機を使ってトイレまでの移動動作を確認し、本人も転倒予防のために商品利用の希望があった。

・レンタルか購入かの選択制について、ケアマネジャーより説明。理学療法士からは、骨折直後であり、今後改善の見込みがあるとの意見があった。本人の希望としては、いったんレンタルでの利用希望があった。上記を踏まえてレンタルでの利用とした。

Column

TAISとは

介護保険最新情報vol.1286（令和6年7月4日）によると、2025年4月よりサービス利用票（兼居宅（介護予防）サービス計画）（第6表）とサービス利用票別表（第7表）にTAISコードの記載が義務付けられます。

TAISとは「福祉用具情報システム（Technical Aids Information System）」の略であり5桁の企業コードと6桁の福祉用具コードで表されます。例）12345-000001

この数字は介護保険適用商品であるかを判断するひとつの目安になり、福祉用具のカタログにもこのTAISコードの記載がされていると思います。
　実際にこのコードをケアマネジャーが第6、7表に直接入力したり、記載することはあまりないと思いますが、様式が変わること、TAISコードとは何かは知っておいた方がよいでしょう。

■ サービス利用票（兼居宅（介護予防）サービス計画）

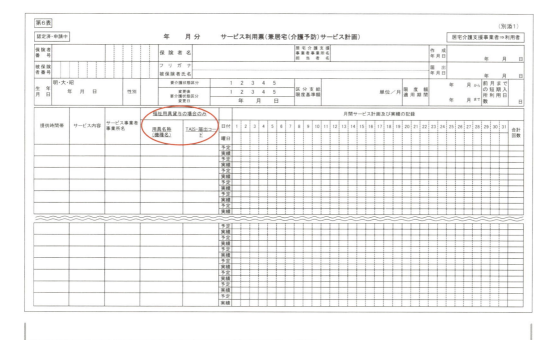

各種様式の目的と書き方のポイント

④ 週間サービス計画表（第3表）

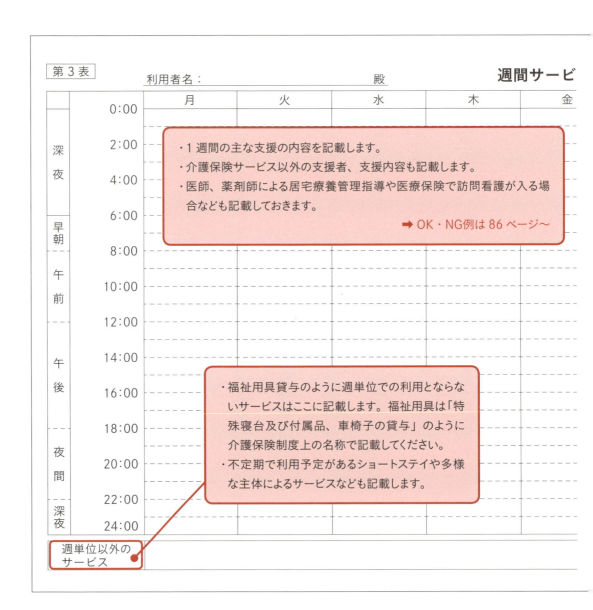

●第3表＿記載のポイント

- 制度や専門用語に詳しくない利用者・家族もひと目でわかる便利な様式です。
- 訪問介護は赤色、訪問看護は青色、通所介護は緑色などサービスごとに色分けをしておくと、わかりやすくなります。
- 散歩の時間や受診予定なども記載しておくと、在宅の様子がわかりにくい通所系サービス提供事業所への有効な情報提供になります。
- ひと目でわかる特徴を活かして利用者宅の壁などに貼っておくのもよいでしょう。

ス計画表

	土	日	主な日常生活上の活動

作成年月日　　年　　月　　日

- 利用者の1日の生活状況がわかるように記載します。
- 主な日課や活動を記載します。日課としている散歩や週に数回行くようなリハビリの受診、疾患によっては内服の時間などを記載しておきます。
- 家族の行動も記載しておくと、利用者の自宅での生活がイメージしやすくなります。
- 生活上の支援や医療依存度の高い人に関しては、それぞれポイントを絞って書くとよいでしょう。

④ 週間サービス計画表（第3表）

各種様式の目的と書き方のポイント　85

④週間サービス計画表（第3表）

週間サービス計画表

OK例

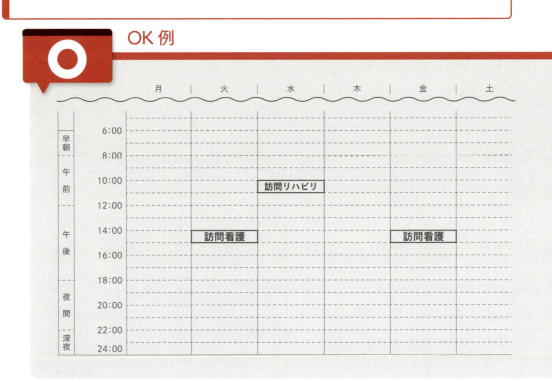

NG例

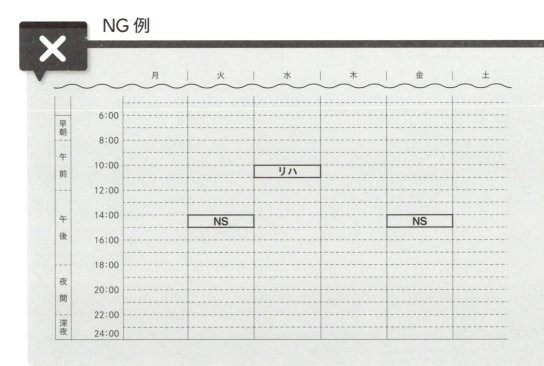

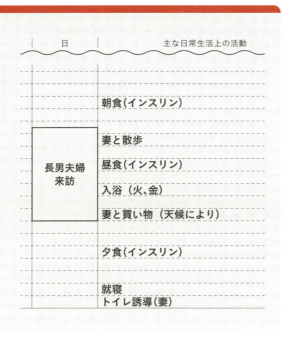

OKのポイント
・1週間の予定と1日の流れを記載します。
・この事例では病状管理に欠かせないのがインスリンの注射です。疾患によっては内服時間も大きなポイントになるので、OK例のようにはっきり記載しておきましょう。

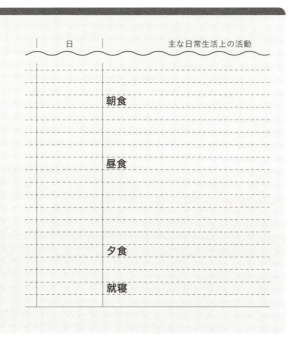

NGのポイント
・サービス名は「リハ」「NS」などと略さず、利用者・家族が理解できるように示しましょう。
・「主な日常生活上の活動」には介護保険のサービスだけでなく、利用者の暮らしぶりが見えるエピソードを加えるとよいでしょう。

各種様式の目的と書き方のポイント

5 サービス担当者会議の要点（第4表）

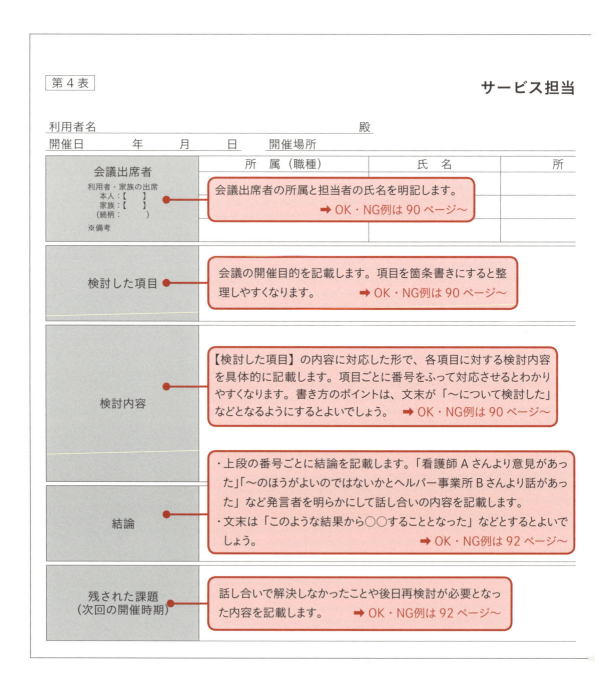

● 第4表＿記載のポイント

- 開催日時と場所、出席者は明確に記載してください。特に、サービス担当者は「○○サービス担当者」のように曖昧にせず、氏名をきちんと記載します。
- 結論の欄は参加者全員の意見の集約です。参加者からの意見を記載することで、ケアマネジャーだけで決められていないことの証明になります。
- 今回の会議で結論が出なかったり、他の専門職の意見を聞く必要があったりするなど、新たな課題が出てきたら【残された課題】に記載します。

⑤ サービス担当者会議の要点（第4表）

者会議の要点　　　　　作成年月日　　　年　月　日

居宅サービス計画作成者（担当者）氏名 _____
開催時間 _____　　開催回数 _____

属（職種）	氏　名	所　属（職種）	氏　名

各種様式の目的と書き方のポイント　89

⑤サービス担当者会議の要点（第4表）
会議出席者／検討した項目／検討内容

 OK例

①
利用者氏名	齋藤浩一様		居宅サービス計画書作成者	山田和子		
開催日時　2024.2.15　14：00より　開催場所　中央病院　開催回数　1回目							

会議出席者	所属（職種）	氏名	所属（職種）	氏名	所属（職種）	氏名
利用者・家族の出席 本人：【 】 家族：【 】 （続柄：　） ※備考	本人	齋藤浩一様	中央病院 （Dr）	鈴木正夫	中央病院 （OT）	西田洋子
	妻	洋子様	中央病院 （NS）	横山正子	北部訪看 （NS）	小川花子
	長男	勉様	中央病院 （PT）	佐々木太郎	北部ケアマネジメントステーション（CM）	山田和子

② 検討した項目	退院に向けたカンファレンス 在宅復帰後の病状管理と受傷後の身心機能に合わせた生活様式の再構築について検討した。
③ 検討内容	（1）疾患に対する病状管理について （2）身体状況にあった環境整備と福祉用具の活用について （3）自宅での排泄行為について （4）その他

OKのポイント

①齋藤さんが入院している中央病院で開催された退院前カンファレンスです。いつ、どこで、誰が出席したのか、第三者が見てもわかるように日時、場所、参加者をはっきりと記載します。

②検討した項目：サービス担当者会議の開催目的や内容の概要を記載します。

③検討内容：項目ごとに番号を振り、順を追って検討していきます。

ポイントは今回発症した脳出血の再発予防です。退院前のカンファレンスでは通常、医師からの病状と経過の説明を受けて、これから齋藤さんがどのような生活をしていくのかを話し合うことになるので、最初に「病状管理」を挙げたことは適切です。

次に問題となるのが受傷前と大きく変わったADLと生活環境（住環境）がマッチ

するかという点です。この点については福祉用具での対応を挙げています。続いての問題は排泄です。アセスメントを参考に、あらかじめ検討項目の優先順位を決めておくことが重要です。

予定した内容以外に検討課題はないか確認します。今後の連携をスムーズに行うためにも、ここでしっかり確認しておきましょう。

NG例

① 利用者氏名 齋藤浩一様		居宅サービス計画書作成者 山田和子			
開催日時 2.15 14:00 より		開催場所 入院先		開催回数 1回目	
会議出席者	所属（職種）	氏名	所属（職種）	氏名	所属（職種）	氏名
利用者・家族の出席 本人：【 】 家族：【 】 （続柄： ）	本人		主治医		OT	
	妻		看護師		訪問看護師	
※備考	長男		PT		ケアマネ	
②検討した項目	退院カンファレンス					
検討内容 ③	(1) 病気について (2) 福祉用具の利用 (3) 生活全般 (4) その他					

NGのポイント

①開催日時は年から記載し、開催場所は単に入院先とせず病院名まで記載しましょう。出席者もわかる範囲で所属（職種）・氏名を記載してください。

②検討項目・③検討内容：様式に記載する時には結論は出ているので、単に「病気について」「生活全般」などと記載するのではなく、各項目についての話し合いを整理して、内容を記載してください。このNG例では病気や生活全般の何が課題で、どんな話し合いがされたのかが読み取れません。例えば、「病気の経過と今後の外来受診について」、「困難が想定される生活行為について」などと具体的に記載しましょう。

⑤サービス担当者会議の要点（第4表）

結論／残された課題

 OK例

結論	(1) 主治医より今回の入院、経過の説明あり。当面は月に1回受診、定期的な検査が必要とのこと。受診の手段として介護タクシーの説明をCMより行う。長男より「今後お願いすることもあると思うが、当面は私が付き添います」とのこと。受診は長男が同行することになった。 (2) 佐々木PTより、今まで寝起きしていた2階に上がるにはかなりの介助量が必要であるため、生活の場を1階にすることが提案される。本人、家族に寝室となる場所を確認したところ1階に8畳の部屋があるとのこと。寝具は長男が簡易ベッドを用意することとなった。トイレも1階は洋式なので適切と判断した（寝室から廊下へ出るところが少し狭いので、アプローチについては要確認）。また、車椅子の室内移動ができる環境と評価した。退院前に家屋確認を行い、福祉用具での対応を検討することと決定した。 (3) 排泄に関しては本人より「なるべくトイレで用を足せるようにしたい」との意向あり。佐々木PT、西田OTともに、環境整備と自宅でのリハビリや支援が必要ではないかとコメント。鈴木Drからもリハビリの継続は有効であるとコメントあり。退院後は自宅での環境を加味したリハビリを行うこととに決定した。 (4) 入浴については本人はあまり関心なく「身体を拭くから平気」との見解。家族、病院関係者で最低限の清潔保持のための入浴ができるように話し合った。CMより対応策として、看護師による入浴支援や通所しての入浴などについて情報提供を行う。長男、妻からの勧めにより訪問看護での入浴を行うことで本人も同意、退院後は訪問看護で入浴支援を行うことになった。
残された課題	退院前の住環境の確認。退院日の決定

OKのポイント

「結論」は話し合った結果を記載する欄です。「〜と決定した」「〜することとなった」という文末になるように考えるとよいでしょう。

サービス担当者会議中に、新たな課題や他の職種からの意見によって再度検討を要する課題が出てくることもあります。この例でいえば、実際に自宅へ行き住環境を見て、福祉用具の専門職や訪問するPTの意見を聞いたうえで商品の選定などを行う必要があります。「残された課題」の欄にはそのような内容を記載します。

NG例

結論	（1）病状については今後も受診を続けて健康管理をしていくこととなった。受診の付き添いは訪問介護では制度上難しいため、家族の対応となった。脳出血の再発には気をつけなくてはいけないので、訪問看護に来てもらうことになった。 （2）半身麻痺となったため福祉用具を使うことが不可欠である。移動のための車椅子とトイレの立ち上がりに置き型の手すりを準備する。ポータブルトイレを購入したいとの要望あり。 （3）入浴に関してはデイサービスなどの施設で入るほうが安全でよいが「ああいうところは嫌だ」とのことであった。自宅での入浴を試してみて入れないようであれば息子さんに説得してもらうこととした。とりあえず訪問看護ステーションから看護師に来てもらい入浴の手伝いをしてもらうことで話がついた。 （4）夜間の介護が心配とのことだったので、不安を解消するために夜間対応型訪問介護を提案した。退院後自宅に伺い、機器の設置などを行うこととした。緊急時はショートステイを使うとよいということで、退院したら早急に予定することにした。
残された課題	訪問看護指示書の取得

NGのポイント

　この様式には参加者全員で話し合って出た結論を書くことはもちろんですが、そこに至る経緯も記載する必要があります。また、サービスの決定は利用者を中心にかかわる人たちの意見や提案を踏まえて、利用者が選択するものです。

　この例では、誰からどんな意見や提案があったのか、ほとんど書かれていません。ケアマネジャーだけの判断で結論が出ているように読めてしまいます。

　ケアプランには根拠が求められます。サービス担当者会議で話しあった内容が、その根本になります。参加者の意見を明記することで、チームの総意としてまとまったケアプランになるのです。

各種様式の目的と書き方のポイント

⑥ 居宅介護支援経過（第5表）

●第5表＿記載のポイント

- 利用者を支援するうえでのケアマネジャーの行動、利用者やサービス事業所の反応や発言などさまざまな事柄を記載します。
- 本来、利用者支援のために残すものですが、自分たちが行ったサービスを証明する大切な証拠ともなるので、事実をきちんと記録しておきましょう。
- 担当ケアマネジャー不在時には、この支援経過記録を見て他のスタッフが対応することもあります。他の人が読んでも理解できるようにしておくことが大切です。

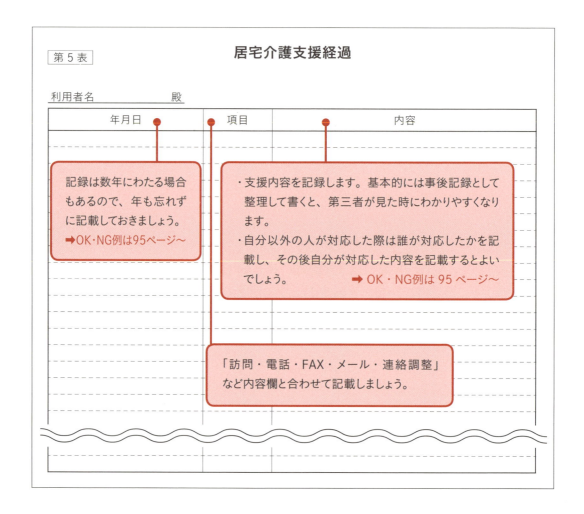

記録は数年にわたる場合もあるので、年も忘れずに記載しておきましょう。
➡ OK・NG例は95ページ〜

・支援内容を記録します。基本的には事後記録として整理して書くと、第三者が見た時にわかりやすくなります。
・自分以外の人が対応した際は誰が対応したかを記載し、その後自分が対応した内容を記載するとよいでしょう。　➡ OK・NG例は95ページ〜

「訪問・電話・FAX・メール・連絡調整」など内容欄と合わせて記載しましょう。

⑥居宅介護支援経過（第5表）

年月日／項目／内容

OK 例

年月日	項目	内容
2024/1/29 14：00 ①	新規相談受付	中央病院、岡本相談員より電話にて退院後のケアプラン作成の依頼あり。 　2024/2/15、14：00、中央病院3階ケアルームにて、退院前カンファレンスへ参加となった。
2024/2/5 10：00 15：00	連絡調整	中央病院、岡本相談員より電話あり。原田が受ける。 「カンファレンスの際可能であれば訪問看護ステーションの看護師も同席してもらいたい」②と、山田宛に伝言を受ける。 原田より伝言受け③、岡本相談員と連絡を取り、訪問看護師の同席調整を行うこととなる。なお、家族の希望で訪問看護ステーションに岡本相談員からも打診してあるとのこと。 北部訪問看護ステーション、小川NSに連絡し退院前カンファレンスへの参加可能との返事いただく。
2024/2/15 14：00 16：00	退院前カンファレンス参加	退院前カンファレンス参加。 詳細内容はサービス担当者会議の要点に記載。④ 退院は2024/3/10となった。住環境の確認と福祉用具の選定のため2024/3/4自宅訪問とした。 福祉用具事業所の選定についてはBケア、Cサービス、Dサポート等を紹介し一番近隣であるBケアを希望される。 Bケア、川田さんに連絡したが不在であった。その後折り返し電話があり3/10、齋藤様宅に同行してもらうこととなった。
2024/3/10 11：00	訪問・環境確認	自宅訪問し環境確認。 Bケア川田さんに同行してもらい、トイレ等の状況を見てもらう。妻の意向なども確認し、退院に合わせトイレの手すりの設置を行うこととした。

OKのポイント
①日付だけでなく、時間まで記載することで経過がわかりやすくなっています。
②人名、会議の予定を明確に記録します。
③自分の不在時に他のスタッフが対応した際も、関係者の名前や予定が記載されているので、連絡ミスを減らすことができるでしょう。

④詳細は第4表「サービス担当者会議の要点」にまとめている旨、記載しています。
このようにしておけば、支援経過記録ではカンファレンスの内容を書く必要はありません。モニタリングも同様です。

NG例

年月日	項目	内容
2024/1/29	新規相談受付	中央病院、岡本相談員より電話あり。① 2/15、14：00、中央病院にて退院前カンファレンスとのことであった。
2024/2/5	連絡調整	中央病院、岡本相談員より電話あり。「カンファレンスの際、可能であれば訪問看護ステーション看護師も同席してもらいたい」と、原田から伝言受ける。 岡本相談員に折り返し電話。 小川NSに連絡し退院前カンファレンス参加依頼。②
2024/2/15	退院前カンファレンス参加	退院前カンファレンス参加。 後日、住環境の確認と福祉用具の選定のため自宅訪問予定。 Bケア、川田さんに連絡したが不在であった。その後折り返し電話があり3/10、齋藤様宅に同行してもらうこととなった。
2024/3/10	訪問・環境確認	自宅訪問。 トイレ等の状況を見てもらう。妻の意向なども確認し、退院に合わせトイレの手すりの設置を行うこととした。

NGのポイント
全体的に内容が不明瞭です。原因は、ケアマネジャー自身が経過をすべてわかっているために省略してしまったからです。
①記載者は電話の内容が新規の依頼であること、カンファレンスに自分が参加することがわかっているため省略してしまいがちですが、第三者が見る書類であることを意識して作成しましょう。
②カンファレンスへの依頼に対する小川NSの返事が抜けています。

各種様式の目的と書き方のポイント

⑦ モニタリング記録

　モニタリング記録と支援経過記録は同じものではないかとの声をよく聞きます。確かにモニタリングをした際、支援経過記録にモニタリングと重複する内容を記載することがあります。

モニタリングと支援経過記録の違い

　モニタリングはケアマネジメントプロセスのひとつとして位置づけられています。毎月利用者の自宅を訪問し本人・家族と面談を行い、居宅サービス計画書の通りにサービスが実施されているか、新たなニーズは発生していないか、サービスの内容は自立支援に向けた適切なものとなっているか、長期目標／短期目標はどの程度達成できているかなどを聞き取り、その内容を記載するのがモニタリング記録です。

　一方、支援経過記録は、日々の訪問や連絡調整などのケアマネジャー自身が行った行動や利用者に関して起こった事柄を記載するものです。例えば、「家族が入院した」「介護保険証が届いた」「介護保険の更新申請を行った」など。また、モニタリングを行った際は支援経過記録には「○月△日、××時、自宅にてモニタリングを行った」とだけ記載し、内容はモニタリングシートに記載します。

モニタリングのポイント

■ケアマネジメントの中核的業務

　私たちケアマネジャーは、単に翌月のサービス利用票を持参して予定や費用を確認してもらい、利用票・別表を交付するために訪問しているわけではありません。モニタリングはアセスメント同様、ケアマネジメントプロセスの中核的な業務です。

　適切な視点でモニタリングし記録することが利用者の生活実態のさらなる把握や、よりよいケアプラン修正につながることを肝に銘じておきたいものです。

■ モニタリングのために訪問する

よりよいモニタリングのためには、まず「（今日は）モニタリングをするために訪問する」という意識で訪問することです。アンテナを張ってモニタリングに臨みましょう。そのように意識していると、ちょっとした会話や些細な言葉、表情から利用者・家族の変化を感じ取ることができます。

■ 事前の準備をしっかりと

訪問前に自身が作成した居宅サービス計画書（第2表）の長期目標・短期目標、サービス事業所から送られてきた報告書などを確認することもよいモニタリングにつながるでしょう。このような準備をしておくと、面談の際、誰にどんな事柄を質問すればよいのか、ポイントはどこにあるのかなど、あらかじめ想定しておくことができるからです。

■ 提供されているサービスをチェック

モニタリングには監視・評価・調整の機能があるとされています。

「監視」というときついイメージかもしれませんが、サービスが計画通りに実施されているかどうかの確認です。例えば、ヘルパーの訪問時間が変更になっていたり、デイサービスの曜日が変わっていたりするかもしれません。重要なのは変更した理由です。生活をしていくうえで微調整レベルの変更は当然あるものですが、それが利用者の不利益につながる変更であってはなりません。

「評価」は、サービスが利用者の自立した生活に有効な支援になっているかを確認し、見直すことであり、「調整」は新たなニーズなどが見つかれば、その課題に対してサービスや支援の方法を検討していくことです。

非接触型のコミュニケーションについて

コロナ禍では、利用者の求めに応じ電話でのモニタリングが認められ、感染予防対策としてパソコンやスマートフォン、タブレット端末を使っての面談や担当者会議が可能となりました。パソコンやスマートフォン、タブレット端末、それに付随するソフトウェアを使うことで物理的、時間的に業務の効率化を図ることができました。医療分野でもオンライン診療が可能となるなど非接触によるコミュニケーションも今後の主流になってくることでしょう。

しかし機器やシステムは使い方次第では諸刃の剣にもなります。電話では音声

だけの情報になりパソコンやスマートフォンの限られた画面や動画での映像は聴覚と限定的な視覚での情報しか得ることができません。五感による情報や生活環境全体の様子など訪問しないとわかりえない情報もあるということを忘れてはいけません。電話で「何かお変わりありませんか？」と聞いてみても「いや、元気にしてますよ」程度で、会話は単一になってしまいます。その時の表情や室内の様子や家族の反応などは基本的にわかりません。本来モニタリングやアセスメントは五感をしっかり使って行うものです。顔色やむくみの状態は視覚を使います。臭覚で尿臭や腐敗臭を感じれば、排泄の問題や衛生管理に問題が出始めたのではないかと感じ取ることもできます。額に手を当てたり脈を取ったりする時は触覚を使います。また、皆さんが「なんか変だな」と感じる第六感もとても重要な感覚器。このようにさまざまな感覚器を使うからこそ、利用者の些細な変化をとらえることができるのです。

　また情報をやり取りするクラウドシステムやSNS、メールなどは基本的に文章での情報共有になります。このような情報伝達ツールを使う時こそ相手に対し、いつも以上に配慮が必要となります。クラウドシステムもメールもやや一方的な情報伝達になりがちですので、そのようなツールを活用する時にこそ礼節やマナーをいま一度見直す必要があります。

　デジタル機器を介した非接触型コミュニケーションであっても、心の通ったコミュニケーションが重要なことは言うまでもありません。パソコンやスマートフォンの画面の向こうに居るのは感情を伴った生身の人間であることを忘れないようにしてください。

Column

オンラインモニタリング

　2024年の報酬改定ではコロナ禍の経験を活かした内容がいくつかありました。オンラインによるモニタリングが可能となったのもそのひとつといえます。

　オンラインによるモニタリングは、ケアマネジャーにとっては移動時間の軽減、経営的に見れば移動にかかる経費削減といったメリットがあります。デメリットとしては上記のように画面上での状況確認では限界があること。また、利用者に対する機器の操作等の説明やまた医療者への確認などの手間が挙げられます。

　本来は対面による感染リスクの軽減から実施されたオンラインによるモニタリングですが、新型コロナウイルス感染症が、感染症法上の位置づけが5類感染症になったにも

かかわらず、今回の改定で引き続き認められた背景として考えられるのは、やはりケアマネジャーの業務負担を軽減することと同時に、ICTの活用を促進していきたいという国の思惑もあったのではないかと私は考えています。

　理由としては改定前に行われた第230回介護給付費分科会（2023年11月6日開催）の資料によると、月に1度の利用者宅訪問を負担と感じているという回答は32％とそれほど高くありません。逆にいえば7割近いケアマネジャーは月に1度の訪問はそれほど負担と思っていないということになります。

　もちろん国としてはケアマネジャーの負担を少しでも軽減していきたいと考えていると思います。すぐに実現化できるモニタリングの負担軽減のために、オンラインによるモニタリングを認めたのだと思います。

　いま社会全体が「生産性の向上」、「DX（デジタルトランスフォーメーション）」といったものに取り組んでいます。オンラインによるモニタリングが可能になったこともそのひとつであると考えれば当然の流れではないでしょうか。

各種様式の目的と書き方のポイント

8 課題整理総括表及び評価表

　課題整理総括表及び評価表は2014年に厚生労働省から示された様式です。作成はケアマネジャーの義務にはなっていないので、実際に書いたことがないという人が多いかもしれません。しかし、今後これらの様式がケアマネジャーにとって必須となることは十分考えられますので、記載の要点などをみておきましょう。

なぜ課題整理総括表が必要なのか

　プロセスの明確化が必要とされている理由のひとつに、多職種との情報共有があります。アセスメントシートだけでの情報共有ではケアマネジャーの思考過程が見えにくく、なぜその援助内容に至ったのかがわかりにくい場合など、ケアマネジャーが自ら自身の考えを文章で明らかにすることで、アセスメントからこの援助内容に至った経緯を明確に伝えることができます。

　課題整理総括表及び評価表は、ケアマネジャー自身の思考過程を可視化し多職種で情報共有をするのが目的のひとつとされていますが、自分自身の頭の中を整理するためにも活用できる様式です。

　地域の中で多職種協働を働きかける役割をもつケアマネジャーには、この課題整理総括表は便利な様式になるでしょう。

アセスメントシートとの違い

　課題整理総括表は、アセスメントシートではありません。アセスメントシートはあくまでも課題分析のために集めた情報をまとめる様式です。一方、課題整理総括表はアセスメントで収集した情報を元にケアマネジャーが居宅サービス計画書（第2表）の「生活全般の解決すべき課題（ニーズ）」を導き出す過程で、専門職としてどのような事柄を根拠としたのかを明らかにするための様式なのです。言い換えれば、ケアマネジャーの思考過程を文章として明らかにするための様式です。そのため、課題整理総括表の作成時期はアセスメント後、居宅サービス計画書の原案作成前が望ましいとされています。

課題整理総括表の使い方

　援助内容の見直しに役立つのが、課題整理総括表の「改善／維持の可能性」です。この項目から今後その人の機能改善などに対する「見通し」を導き出し、それを判断基準として居宅サービス計画書（第2表）再作成時の「生活全般の解決すべき課題（ニーズ）」を考えていきます。

　これらは通常ケアプランを作成する過程で行ってきていることですが、その過程を記す様式がなかったことで、ケアマネジャーの考え方や「なぜそのサービスの利用に至ったのか」という根拠がわかりにくいとされてきました。文章化することで自分の考えやサービスの必要性をより明確に示すことができます。

　また、評価表と併せて活用することで、居宅サービス計画書（第2表）の「長期目標」「短期目標」「援助内容」を見直す際に有効に活用できます。

評価表の目的と使い方

　居宅サービス計画書には、評価に関する様式がありません。そのため目標の期間が終了後の達成具合が不明瞭だったり、提供されたサービスが吟味されることなく継続されていたりという状況があります。

　評価表は、ケアプランに位置づけたサービスの役割を再確認し、サービスの目標の達成状況を評価して、次のケアプランの見直しに役立てるためにつくられた表です。この評価表の大きな特徴は、ケアマネジャーが1人で評価するのではなく、サービス担当者とともに情報共有しながら評価できるという点にあります。つまり、この評価表は、多職種協働によるチームケアを実践していくためのツールにもなるのです。サービス担当者会議や地域ケア会議などでもぜひ有効活用したいものです。

課題整理総括表

評価表

各種様式の目的と書き方のポイント

⑨ 介護予防サービス・支援計画書

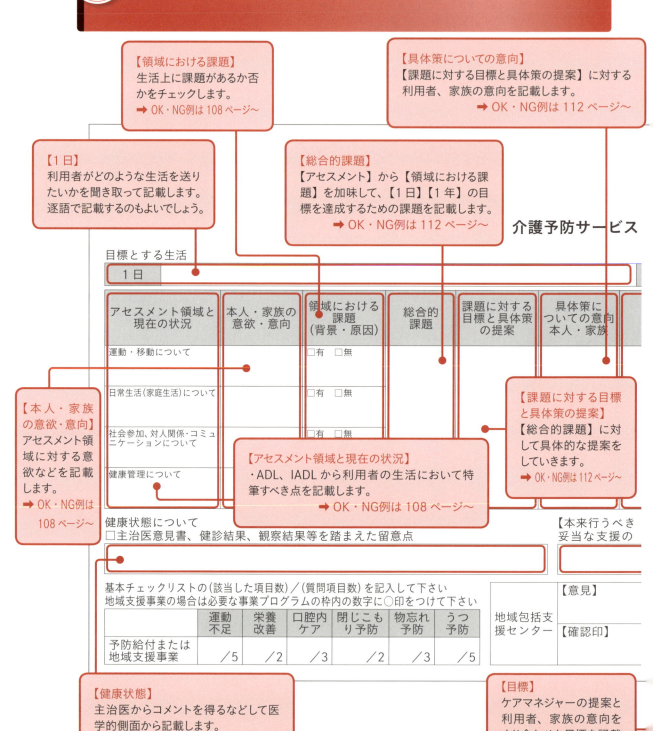

● 介護予防サービス・支援計画書＿記載のポイント

- 市町村によって民間の居宅介護支援事業所に作成を委託するところ、すべて市町村や地域包括支援センターで作成するところ、数は少ないものの、直接指定を受けた居宅介護支援事業所が作成するところなど対応が異なる場合があります。
- ケアマネジャーの思考過程を表現するにはよい書式です。記載項目も居宅サービス計画書の3枚と比べてそれほど変わりません。

・支援計画書

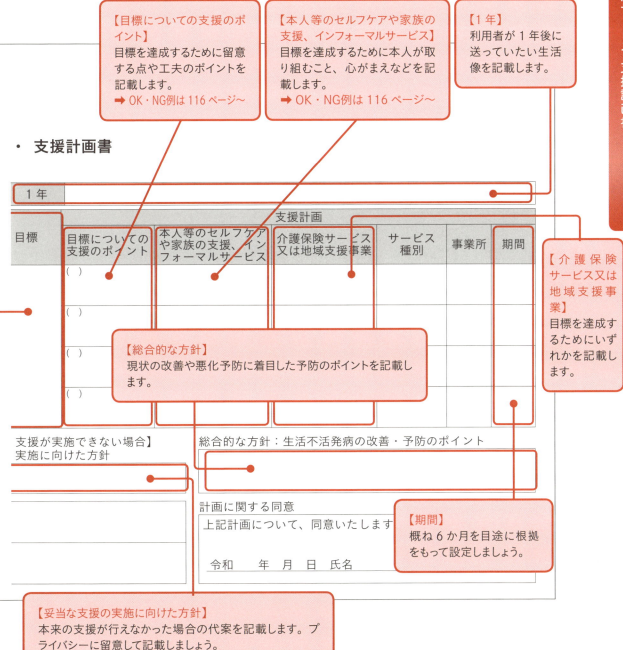

各種様式の目的と書き方のポイント

事例概要

108 ページからは要支援の浅井文子さんを例に、様式の書き方の OK 例・NG 例を見ていきます。状況、背景を理解して読み進めてください。

■ 基本情報

本人の情報	・浅井文子　1931.3.9（93歳）　要支援2 　　　　　　認定有効期間 2024.3.1 〜 2025.2.29 　　　　　　負担割合 1 割 ・主介護者：なし ・キーパーソン：長女　石井幸代（66歳）、他市在住
相談経緯	2024.3.25　地域包括支援センターに長女来所し河口主任ケアマネジャーが対応。 「高齢の母親が一人暮らしをしている。最近少し認知症も出てきた感じなので1人にしておくのが心配。家事もできなくなっている。先日、要支援2の通知が届いたが、これからどのような手続きをすればよいか」との相談があり、河口主任ケアマネジャーより当方に予防プラン依頼となった。
病状、病歴	2011.3 より東田整形外科クリニックに骨粗しょう症、肩関節周囲炎、変形性膝関節症、腰痛症で通院加療している。 2014.9 に白内障（両目）の手術で中央病院に入院。 2019.10 に腰椎圧迫骨折で2週間ほど中央病院に入院。
家族	・長女　石井幸代（66歳）専業主婦　他市（車で30分）在住 　週に1、2回買い物などをするために訪問している。
住環境	・2階建て戸建。 ・玄関の框（かまち）が高くいったん座って出入りしている。 ・浴室は広く支持物なし。浴槽は置き型で跨ぎが高い。 ・トイレは洋式で手すりあり。 ・近隣にスーパー、南病院あり（道路は平たん）。
1日の過ごし方	・身の回りのことはそれなりに自分でできている。 ・食事は自分でつくる。「1人だからたいしたものはつくらないけど、昔調理の仕事をしていたから」と話す。 ・長女からは鍋を焦がしたことがあるとの話あり。
趣味・楽しみ・特技	・手先が器用で、地区センターの手芸クラブに通っていた。 ・自分でつくった小物をバザーに出品することが楽しみだった。 ・健康のためと太極拳に通っている。
地域とのかかわり	・同地に長く住んでいるが、近所では既に亡くなった知人も多い。 ・今は向かいの家の息子（中野和夫さん）が気にかけてくれている。

浅井文子さんの基本チェックリスト

基本チェックリスト様式例及び事業対象者に該当する基準

記入日： 2024 年 4 月 10 日 （水）

氏 名	浅井文子	住 所	横浜市■区■XXX	生年月日	1931年3月9日
希望するサービス内容	肩のリハビリをしたい。家事ができなくなってきたので一緒にやってほしい。				

No.	質問項目	回答：いずれかに○をお付けください	
1	バスや電車で１人で外出していますか	0.(はい)	1. いいえ
2	日用品の買い物をしていますか	0.(はい)	1. いいえ
3	預貯金の出し入れをしていますか	0.(はい)	1. いいえ
4	友人の家を訪ねていますか	0. はい	1.(いいえ)
5	家族や友人の相談にのっていますか	0.(はい)	1. いいえ
6	階段を手すりや壁をつたわらずに昇っていますか	0. はい	1.(いいえ)
7	椅子に座った状態から何もつかまらずに立ち上がっていますか	0. はい	1.(いいえ)
8	15分位続けて歩いていますか	0. はい	1.(いいえ)
9	この１年間に転んだことがありますか	1. はい	0.(いいえ)
10	転倒に対する不安は大きいですか	1.(はい)	0. いいえ
11	６ヶ月間で２～３kg以上の体重減少がありましたか	1. はい	0.(いいえ)
12	身長 145 cm 体重 42.0 kg （ＢＭＩ＝ 19.9 ）（注）		
13	半年前に比べて固いものが食べにくくなりましたか	1. はい	0.(いいえ)
14	お茶や汁物等でむせることがありますか	1. はい	0.(いいえ)
15	口の渇きが気になりますか	1. はい	0.(いいえ)
16	週に１回以上は外出していますか	0.(はい)	1. いいえ
17	昨年と比べて外出の回数が減っていますか	1. はい	0.(いいえ)
18	周りの人から「いつも同じ事を聞く」などの物忘れがあると言われますか	1.(はい)	0. いいえ
19	自分で電話番号を調べて、電話をかけることをしていますか	0.(はい)	1. いいえ
20	今日が何月何日かわからない時がありますか	1.(はい)	0. いいえ
21	（ここ２週間）毎日の生活に充実感がない	1. はい	0.(いいえ)
22	（ここ２週間）これまで楽しんでやれていたことが楽しめなくなった	1. はい	0.(いいえ)
23	（ここ２週間）以前は楽にできていたことが今はおっくうに感じられる	1. はい	0.(いいえ)
24	（ここ２週間）自分が役に立つ人間だと思えない	1. はい	0.(いいえ)
25	（ここ２週間）わけもなく疲れたような感じがする	1. はい	0.(いいえ)

（注） ＢＭＩ＝体重(kg)÷身長(m)÷身長(m)が18.5未満の場合に該当とする

⑨ 介護予防サービス・支援計画書

⑨介護予防サービス・支援計画書
アセスメント領域と現在の状況／領域における課題（背景・原因）

 OK例

アセスメント領域と現在の状況 ①	本人・家族の意欲・意向 ②
運動・移動について 　膝の痛みはあるが、屋内外の移動については自立度が高いと評価できる。 　杖や歩行器などは、特に使用していない。転倒に関しては、不安が大きいと話す。	（本人）「動けなくなると困るので、なるべく家のことは自分でやるようにしています。膝が痛いけどひとりだからがんばらないといけないと思ってやっている」と話す。
日常生活（家庭生活）について 　掃除、洗濯、調理は、自分で行っている。大きなものや重たいものは、娘さんが買って届けてくれている。 　右肩の拳上制限が強くなっており、高いところにある調理器具が取れなくなってきている。	娘さんの支援もあり大きな困りごとはないが、最近、右肩の拳上制限が顕著となって生活に支障をきたし始めている。特に高いところにある鍋などが取れなくなってきている。 （本人）「娘も来るしなんとかやっています」 （長女）「ひとりでの家事に不安を感じる」との話あり。
社会参加、対人関係・コミュニケーションについて 　古くから同地に住んでいるが、近隣の知人は亡くなっていることが多く、今は向かいの男性（中野さん）との交流程度。週1回、地区センターの太極拳に通っている。 　電話での会話に少し困難はあるが、対面での聴力は問題なし。視力も生活上は問題なし。	2014.9に白内障の手術を行っており、現在日常生活に支障はないとのこと。 （本人）「視聴覚機能に大きな問題はないが、電話での会話が少し聞き取りにくくなっている」と訴えあり。 （本人）「太極拳は身体によいのでこれからも参加したい。秋に地区センターのバザーがあるので楽しみにしている」
健康管理について 　変形性膝関節症、腰痛症、右肩関節周囲炎、骨粗しょう症で整形外科を受診治療している。 　骨粗しょう症もあり転倒、骨折には留意が必要。 　受診日時、内服は自分で確認、管理を行っている。	膝、腰、肩に痛みがあり、整形外科にて通院治療している。 （長女）「今後ひとりで通院できなくなったらどうしたらよいか」との話があった。

本人・家族の意欲・意向／

領域における課題（背景・原因）③
■有　　□無 歩行時の痛みと転倒予防（リスク軽減）に対する支援を検討していく必要がある。
■有　　□無 独居であることから、今後生活全般に支援が必要になってくる可能性が大きい。 娘さんの訪問もあるが、常時ではなくこの先、今以上のかかわりは困難である。
■有　　□無 地域の人との関係性、自らの参加意欲などから現状大きな問題はないと判断した。
■有　　□無 今後痛みの増悪により生活機能に支障をきたすことが想定される。 通院の支援に関しても検討しておく必要がある。

⑨ 介護予防サービス・支援計画書

OKのポイント

①情報収集からニーズを導き出す重要な項目です。「評価」という言葉は専門職としての見立てを示しています。また、「古くから住んでいる」という生活歴を表す表現で地域との関係性が伝わってきます。

②適度な逐語と（本人）（長女）という表記でより具体的に状況が伝わる内容になっています。

③課題を明確にするために言い切る形がよいでしょう。この欄は「居宅サービス計画書（第2表）」のニーズにあたる部分です。支援方法を決定していくうえで重要な項目なので、明確にしておきましょう。

NG例

アセスメント領域と現在の状況 ①	本人・家族の意欲・意向 ②
運動・移動について 　膝に痛みはあるが移動自体はできており、杖などもなく歩行は可能であるが、転倒には不安が大きいと話している。	長女より「自分でやれなくなると困ってしまうのでがんばってほしい」と話あり。 本人からは「できることは自分でやるように心がけている」との話。
日常生活（家庭生活）について 　家事は自分で行っている。 　買い物は娘さんがしてくれる。 　肩が痛く上がらなくて困っている。	長女より「週2回くらい買い物に来るのが精いっぱいです」との話あり。 本人は長女さんの訪問は助かっていると話す。 また、長女さんより鍋焦がしがあったとの話あり。独居生活が長くなってきたため認知症の進行として対応していく。
社会参加、対人関係（コミュニケーション）について 　近所の知人はほとんど亡くなってしまった。 　週1回の太極拳に参加している。 　おしゃべりは好きなようである。	長女より「太極拳以外にも何かよいものがあれば教えてほしい」 本人より「太極拳は身体によいと思うのでこれからも参加したい」
健康管理について 　・変形性膝関節症 　・腰痛症 　・右肩関節周囲炎 　・骨粗しょう症	長女より「今後ひとりで通院できなくなった時にはどうしたらよいか」 本人より「これからも受診して健康管理をしていきたいと思っている」

領域における課題（背景・原因）
■有　□無 膝の痛みが悪化することで歩行に支障をきたす。
■有　□無 独居生活であることで生活全般に支援が必要となってくる可能性がある。 娘さんは認知症による火の不始末に不安があると訴える。
□有　■無 問題なし。③
■有　□無 痛みが悪化してくることが想定されるため、通院できなくなることも想定しておく。

NGのポイント

①計画書はメモではありません。読み手に理解してもらえるように具体的に書くことを念頭におきましょう。

②逐語や主体（本人、長女）を明記しているのですが、長女が先にきています。利用者の意向や想いを中心にケアマネジメントする観点から、まず利用者本人から書きましょう。

③ケアプランでは根拠、経緯が重要です。「問題なし」と判断した理由を記載しておきましょう。

⑨介護予防サービス・支援計画書
総合的課題／課題に対する目標 具体策についての意向 本人・家族

OK例

総合的課題 ①	課題に対する目標と具体策の提案 ②
膝、腰、肩の痛みの軽減をしていくためには今後も治療が必要である。	（目標）膝、腰、肩の痛みの悪化を予防する。 （具体策）受診、治療を継続して行う。
上記による痛みが生活に支障が出てくることを想定した支援の検討が必要である。	（目標）肩の挙上制限や膝、腰の痛みからくる生活上困難となった行為に対し支援を受け、自宅での独居生活を続けられる。 （具体策）人的な支援を利用して生活環境の維持、困難な家事行為などに対する自立支援を行う。
地域とのつながりを維持していくことも在宅生活には大きなポイントとなる。	（目標）地域で生活していく中で楽しみをもって生活を続けている。 （具体策）太極拳、バザーだけでなく、他のイベントの情報提供等を行う。

と具体策の提案／

具体策についての意向　本人・家族 ③
（本人）「これからも受診を続けるようにする。薬もきちんと忘れずに飲む」
（長女）「ひとりで通えなくなった時のことを考えておきたい。何かいい方法があれば教えてほしい」
（本人）「他人のお世話になるのは少し気が引けるが、できないことも多いのでここで暮らしていくには仕方ないと思う。高いところの物は置く場所を変更します」
（長女）「そのようにお願いしたいと思います。買い物などは引き続き私がやりますので<u>特に調理に関しては支援してほしい</u>④」
（本人）「太極拳はとても気持ちよいのでこれからも通います。秋のバザーは何を出そうか今から楽しみにしている」
（長女）「楽しみをもって生活できるのはとてもよいと思う。他にも何かあれば母に勧めてください」

OKのポイント

① 課題をわかりやすく伝えるために、言い切る形の文末がよいと思います。ケアマネジャーとしてアセスメントの結果を明確にするということです。

② 「目標」「具体策」に分けて書くとよいでしょう。「目標」は利用者の将来像です。文末は「〜になる」で終わるように考えましょう。「具体策」は「目標を達成するための取り組みとは何か」という視点で考えると整理しやすくなります。文末は「〜する」で結ぶとよいでしょう。

③ （本人）（長女）などと分けて記載すると伝わりやすくなります。

④ 「特に調理に関しては支援してほしい」という長女の発言は、アセスメントで聞き取った鍋焦がしに対する支援の意向です。直接「鍋を焦がす」と表記せず、利用者の自尊心を尊重しつつ、長女の意向を表現しています。

⑨ 介護予防サービス・支援計画書

NG例

総合的課題	課題に対する目標と具体策の提案
治療に関しては今後も継続が必要となる。①	（目標）膝、腰、肩の痛みの悪化を予防する。 （具体策）受診、治療を継続して行う
痛みの悪化により家事支援②の必要がある。	（目標）自宅での独居生活を続けられるように、肩の挙上制限や膝、腰の痛みからくる生活上困難となった行為に対し支援を受ける。③ （具体策）人的な支援を利用して生活環境の維持、困難な家事行為などに対する自立支援を行う。
地域とのつながりを維持していくことも在宅生活には大きなポイントとなる。	（目標）地域で生活してく中で楽しみをもって生活を続けている。 （具体策）太極拳、バザーだけでなく、他のイベント情報提供等を行う。

具体策についての意向　本人・家族 ④
受診は続けなくてはいけないと思うのでこれからも続けていく。 ひとりで通えなくなった時のことを考えておくようにします。
知らない人が家に来るのは少し不安があるが、これからは仕方がないことだと思っているのでお願いしたい。 火の不始末が一番怖いので誰かに来てもらって火事を出さないように気をつけてほしい。 調理器具など高い所の物は置く場所を変更するようにします。 買い物はいままで通り私が来てするようにします。
楽しみをもった生活を続けていきたいので、健康のためにも太極拳を続ける。 秋のバザーにも参加したい。 太極拳以外にも地域の中での活動があれば紹介してほしい。

NGのポイント

①この文章では何の疾患に対する治療なのかわかりません。

②表記が限定的で「総合的課題」とはかけ離れてしまっています。

③「目標」という視点でOK例と比較してみましょう。OK例が生活の継続であるのに対して、NG例は支援を受けることが目標になっています。

④それぞれの記載事項が誰の意向かわかりません。OK例のように、発言者も記載するようにしましょう。

⑨介護予防サービス・支援計画書
目標／目標についての支援のポイ 本人等のセルフケアや家族の支

 OK例

目標 ①	目標についての支援のポイント
受診や服薬を継続し、身心機能低下につながるような痛みの悪化を予防する。	今後の受診手段の検討と内科等、<u>整形外科以外の受診。</u> ②
ひとりでは困難になってきている調理や掃除などに対する支援を受けながら洗濯などできる家事を減らさないで生活を続けられる。	代行、代替え的な支援にならないよう、本人の意欲を維持できるように生活場面に介入する。
これからも住み慣れた地域の中で行ってきた活動に意欲的に参加ができる。	生活歴を踏まえ地域との関係を維持していくために現在行っている社会参加を続けていく。

総合的な方針 ④

肩の挙上制限、腰、膝の痛みなどから困難な家事行為が出てきていますが、身体的には受診や内服を続けながらできる家事を減らさないように支援をしていきます。
また地域での趣味や特技を生かせる場があれば参加できるように情報提供を行っていき

ント／
援、インフォーマルサービス

本人等のセルフケアや家族の支援、 インフォーマルサービス ③
本人単独での受診。 ＊状況によりご家族も支援していただけると助かります。 通院ボランティアなどの調整。 拭き掃除や簡易な調理などを続けていく。 買い物は長女さんにも協力いただく。
太極拳やバザーへの参加。
ご自分でできる機能はまだ残されています。 ます。

OKのポイント

①目標と具体策に対する本人・家族の意向を踏まえて、最終的な目標を設定します。ケアプランの目標は、定期的に評価することも念頭においてください。評価の時に「痛みが予防できているか」「できる家事は減っていないか」「参加はできているか」というように具体的に評価をすることができます。

②口語にした時、文末が「〜がポイントになります」となるように考えるのがコツです。「整形外科以外の受診（もポイントになるでしょう）」という感じです。

③家族も社会資源として位置づけられていますが、介護やかかわりを負担に思っている家族もいます。相手に配慮した文章にしてください。

④残存能力や参加している活動に着目して記載するとよいでしょう。

⑨ 介護予防サービス・支援計画書

NG 例

目標	目標についての支援のポイント
受診や服薬を継続し、身心機能低下につながるような痛みの悪化を予防する。	今後の受診手段の検討と内科等、整形外科以外の受診。
ひとりでは困難になってきている調理や掃除などに対する支援を受けながら、自宅で自立した生活を続けられる。	独居のため、人的な支援を受け入れることができないと今後自宅での生活が困難になってくる。②
これからも住み慣れた地域の中で自立した生活が送れる。①	地域や社会への関心をもち、参加を続けてもらえるように関係性を構築していく。

総合的な方針

今の生活能力を維持していけるように、自分でできていることはなるべく続けるようにし肩や腰の痛みに関しては悪化予防のため、受診を続けるようにし、薬も忘れずに飲ん太極拳やバザーなど、地域とのつながりを大切にしていきましょう。④

本人等のセルフケアや家族の支援、インフォーマルサービス
本人単独での受診。 ＊今後はご家族でも通院介助をしてください。③
拭き掃除や簡易な調理などを続けていく。買い物は長女さんにやってもらう。③
太極拳やバザーへの参加。

ましょう。 でください。

⑨ 介護予防サービス・支援計画書

NGのポイント

①抽象的な表現では評価ができません。具体性をもった文章にする工夫をしてみましょう。

②「人的支援を受け入れることができないと」という表現は脅迫的で、支援のポイントにはふさわしくありません。OK例にあてはめて考えると「自宅での生活を続けていくには人的な支援の受け入れがポイントになる」となるでしょう。

③家族を思いやる表現を使いましょう。思わぬ誤解を招くことがあります。

④すべて利用者、家族任せになっています。要支援認定を受けている人が要介護状態にならないようにするプランが、介護予防プランの基本であることを念頭に置いて文章を書いてみましょう。

> Column

ケアマネジャーと医療連携

　2017年の改正で、入退院時における医療機関との連携に加算がつけられたことから、医療連携は以前にも増して重要な業務になりました。

　「介護系のケアマネジャーは医療のことをよく知らない」という言葉を耳にします。ここでいう医療とは、医療機関、医療者、また、医療保険制度を指します。医療の何を知っていれば、医療連携が上手にできるのでしょうか。医療連携に必要な知識や技術は何なのでしょうか。

　私は、医療連携とは医療とのコミュニケーションであると考えています。だから、医学的な知識よりむしろ、「医療（機関、者、制度）」の社会的な立場、職域を学ぶことが必要だと思います。

　医師への連絡や報告の文章を書く時、医学に関する知識不足が露呈しないように専門用語を使わなければいけない、知らないことは恥ずかしいと考えていませんか。

　しかし、介護・福祉に専門性をもつケアマネジャーが、医学に精通していないのは当然のことです。反対に、医療系のケアマネジャーは介護・福祉で特有の言葉や知識には疎いでしょう。基礎資格の種類にかかわらず、ケアマネ業務に携わるための知識は不可欠ですが、大事なことは、利用者に医療的な知識や技術、サービスが必要となった時、または医療が必要か否かの判断を仰ぎたい時、スムーズに、そして社会人として失礼のないコミュニケーションが取れることです。この能力こそがケアマネジャーに必要な医療連携の技術なのではないでしょうか。

　そのために必要なのは、まず相手を知ることです。医学的な知識を学ぶことも大切ですが、いまいちど「医療機関とはそもそもどういった場所なのか」「医師とは社会的にどのような立場の職業なのか」「医療保険制度とは何を保障する制度なのか」を学ぶことだと、思います。

第3章

上手に連携!
するために

ケアプラン作成と並んで、ケアマネジャーの必須業務ともいえるのが各種関係機関との連絡調整、つまり連携です。本章では、文例を通して良好な関係を築きながら、伝えたいことを的確に伝えるための文章構成を学びます。

連携とは何か

① ケアマネジャーは連携の要

　2017年の介護保険法改正で、地域包括ケアシステムの深化・推進が掲げられました。多職種間の連携の重要性が以前にも増して注目されています。多くの相手とつながるケアマネジャーは、連携の「要」を担う職種です。

　医療連携、多職種連携、地域連携、事業所間連携など、皆さんは、さまざまな形で「連携」という言葉を使っていることでしょう。そして、この連携の難しさを一番感じているのもケアマネジャーではないでしょうか。

　本章では、さまざまな専門職と文章で連携を図るポイントを解説します。その前に、まず「そもそも連携とは何なのか」「連携を図るとはどういうことなのか」を考えてみましょう。

「相手を知る」ことから始めよう

　私はケアマネジャーの資格更新研修で、医療連携について5年ほど講義を担当していました。そのなかで「ケアマネジャー業務における連携とは、自分側と相手側、少なくとも2者以上の間で行われる情報共有である。また、その共有した情報を元に役割分担をしていくことである」と私なりに定義づけをしてきました。

　この定義から考えると、連携には必ず相手がいるということです。医療連携でいえば、相手は医療者になります。多職種連携であれば、医療や介護の領域を中心としたさまざまな専門職が相手です。また、地域連携になれば、民生委員、警察や弁護士といった人たちが連携相手となることも考えられます。

　このように、畑の違うその道の専門家と情報共有を行い、役割を分担していくために、まずは「相手を知る」ことから始める必要があります。例えば、医療者とはどんな職業か、弁護士とは実際どんな仕事をしているのか、さらに、仕事の内容だけでなく社会的な役割や位置づけなども含めて知ることが大切です。

　なぜなら、相手の仕事の内容や社会的立場を知らなければ、どんな情報をいつ、どのように伝えるのがよいかわからないからです。言い換えれば、相手によって伝え方が変わる、もしくは変える必要があるということです。

連携はコミュニケーション

少し角度を変えて、連携＝コミュニケーションとして考えてみましょう。

チームケアを行ううえで大切なのは、利用者、家族を含めた関係者間で良好なコミュニケーションが取れていることです。なぜ良好なコミュニケーションが必要なのでしょうか。それは、コミュニケーションが良好であると本音で意見が言えたり、スムーズな情報交換が可能になったりするからです。加えて、お互いの事情を理解したうえで連携ができるので、連携を負担に感じることが少なくなります。良好なコミュニケーションは互いの信頼を構築し、両者の関係を深めてくれるのです。

一方、コミュニケーションがうまく取れないでいると、相手の想いを理解することができず、かえって怒りや誤解が生じるおそれがあります。一度生じてしまった怒りや誤解を解くのは本当に難しいことです。そうならないために、良好なコミュニケーションを常に心がけて接することが大切なのです。

出会いの場を大切に

改めて、多くのケアマネジャーが苦手としていると思われる医療との連携を考えてみましょう。前述の内容を踏まえ、医療連携とは「医療（者・職・機関）とのコミュニケーション」と捉えてみてください。どうでしょう？　医療連携という言葉のイメージが少し変わりませんか。

連携＝コミュニケーションならば、皆さんはすでに日々多くのサービス事業所と連絡調整などという形で連携（コミュニケーション）していると思います。連携の相手がヘルパー事業所やデイサービス事業所の場合には、何ら抵抗なく連携（コミュニケーション）しているはずです。その理由は、相手の仕事内容や立場をよく知っているからです。簡単にいえば、顔の見える関係にあるからなのです。

一方、医療連携が難しいと感じるのは、ケアマネジャーが医療をよく知らないことが理由のひとつだと私は思います。最近は、地域の中で医師と顔を合わせる研修も増えています。こうした機会を活用し、まずは顔の見える関係、ひいては目を見て話すことのできる関係をつくってください。

相手を知っていれば、手紙もFAXも格段に書きやすくなります。これは対医療者に限ったことではなく、サービス事業所・家族・行政など、すべての相手に通じることです。ただし、親しき仲にも礼儀あり。このことはお忘れなく。

職種別文書作成のポイント

2 主治医への文例

① 担当着任の挨拶

　主治医に、担当ケアマネジャーになったことを伝える挨拶の文例です。着任の挨拶ですので極力手短にするように心がけます。また、FAX・メールより郵送のほうが丁寧な印象を与えることができます。

中央病院
内科　鈴木正夫先生　御机下①

拝啓
　時下、益々ご清祥のことと存じます。
　はじめてご連絡いたします。私は北部ケアマネジメントステーションの山田和子と申します。②
　この度、先生が主治医の南町125にお住まいの西原春子様のケアマネジメントを担当いたしますので、ご挨拶申し上げます。③
　西原様におかれましては、先日より週1回のデイサービスに通い始め、表情も少し明るくなられたように感じます。④
　今後、西原様の体調面の変化などでご連絡を差し上げることもあるかと存じます。⑤
　ご指導のほど、よろしくお願い申し上げます。

　　　　　　　　　　　　　　　　　　　　　　　　　　　　　　　　　　敬具
2024年〇月〇日
　　　　　　　　　　　北部ケアマネジメントステーション　山田和子
　　　　　　　　　　　　　　　　〒000-0000　北町3-5-15
　　　　　　　　　　　　電話000-0000-0000　FAX000-0000-0000
　　　　　　　　　　　　　　　　E-mail＊＊＊@…ne.jp⑥

■ ポイント

① 相手の名前はフルネームで記載します。FAXで送る場合は、まず医療機関の事務室に届くので、医療機関名（病院であれば何科であるか）も記載するようにします。医師宛の手紙では、「先生」のあとに「御机下」「御侍史」を加えると丁寧です。

② 自己紹介です。自分がどこの誰であるかを明らかにします。事業所名は正式名称、名前はフルネームが基本です。

③ 誰のケースなのかを明確にします。送る側からすれば「西原春子」さんは1人でも、先方には複数の該当者がいる場合もあります。そういった点から住所も明記すべきです。加えて、生年月日を入れておくと該当者を絞りやすくなるでしょう。

④ 簡潔にするために情報を取捨選択します。ケアマネジャーにとって利用者のデイサービスの様子などは重要な情報ですが、医師にその情報がどの程度必要かを考慮して、記載すべき情報か否かを判断してください。

⑤ 今後につなげる一文を入れます。主治医ですのでこれからも連絡を取ることが想定されます。ひと言添えておきましょう。

⑥ 手紙（FAX）を見て、相手が連絡をしてくることも考え、どこに連絡すればよいか、この書面だけでわかるようにしておきます。最近はメールでのやりとりも一般的になっているので、メールアドレスも記載します。メールアドレスは、携帯電話ではなくパソコンのアドレスがよいでしょう。郵送であれば、名刺を同封すると丁寧です。

② 訪問看護導入についての照会

訪問看護導入に際して主治医の意見を求める例文です。訪問看護の利用は本来医師が判断するものなので、その点に留意します。

中央病院
内科　鈴木正夫先生　御机下

拝啓
　時下、益々ご清祥のことと存じます。
　北部ケアマネジメントステーションの山田和子です。①
　この度は、先生が主治医の南町125にお住まいの西原春子様の訪問看護の導入について、ご相談したくご連絡いたしました。②

先週より臀部に床ずれのような発赤があると家族から報告がありました。③
　ベッド上で過ごす時間も長くなってきていることから、訪問看護の導入時期ではないかと思っています。つきましては、先生のご意見を頂戴したく存じます。④
　ご多忙とは存じますが、ご連絡をお待ちいたしております。
　今後ともご指導のほど、よろしくお願い申し上げます。

敬具

2024年○月○日

北部ケアマネジメントステーション　山田和子
〒000-0000　北町3-5-15
電話000-0000-0000　FAX000-0000-0000
E-mail ＊＊＊@….ne.jp

■ ポイント

① この文例では既に挨拶が済んでいる（自分を認識してもらっている）前提ですが、初めての手紙やそれほど面識がない場合は、「です」よりも「と申します」を使うほうがよいでしょう。

② ポイントは「ご相談」のひと言です。訪問看護の導入は医師が判断することなので、こちらからは導入を「相談する」という形を取るとよいでしょう。いきなり「訪問看護利用となりましたので指示書をお願いします」としないように気をつけてください。

③ 利用者の情報です。内容にもよりますが、無駄な情報を省き、簡潔にまとめて書くことを心がけましょう。例えば、このあとに「食事も減っている、水分も摂れていない、介護力が乏しくオムツ交換の頻度が少ない」など、追加の情報を入れると文章が長くなってしまいます。情報は必要最小限が基本です。状況に応じて、その都度提供すればよいのです。

④ 相談内容について、こちらが相手に求める対応を明確に記載します。遠慮してどうしてほしいのかがあいまいな文章では、肝心なことが伝わりません。

③　訪問看護指示書についての依頼

　訪問看護の導入については概ね同意が得られることを想定し、指示書の依頼を同時に求める文章です。医師とケアマネジャー間で意思の疎通が図れているのであれば、次ページのような文面で問題はないでしょう。

> 中央病院
> 内科　鈴木正夫先生　御机下
>
> 拝啓
> 　時下、益々ご清祥のことと存じます。
> 　北部ケアマネジメントステーションの山田和子です。
> 　この度は、先生が主治医の南町125にお住いの西原春子様の<u>訪問看護の導入</u>①と<u>訪問看護指示書</u>②についてご相談いたします。
> 　<u>現在訪問介護にて入浴介助を行っていますが</u>③、先月中旬頃から血圧が高く、<u>180mmHgを超えていることもある</u>④と報告がきております。
> 　ヘルパー、家族とも話し合い、年齢等も考慮し、<u>看護師による入浴介助</u>⑤に切り替えたいと考えておりますがいかがでしょうか。
> 　訪問看護の導入に差し支えなければ、併せて<u>訪問看護指示書の発行</u>⑥を以下ステーション宛にお願いいたします。
> 　ご多忙のこととは存じますが、何卒ご高配賜りますようお願いいたします。
> 　　　　　　　　　　　　　　　　　　　　　　　　　　　　　　　敬具
> 2024年〇月〇日
> 　　　　　　　　　　　　　北部ケアマネジメントステーション　山田和子
> 　　　　　　　　　　　　　　　　　　　　　〒000-0000　北町3-5-15
> 　　　　　　　　　　　　　　　　電話000-0000-0000　FAX000-0000-0000
> 　　　　　　　　　　　　　　　　　　　　　E-mail ＊＊＊@….ne.jp

② 主治医への文例

■ ポイント

①② 関係が構築できている医師であっても、訪問看護の導入に関しては、まず医師にその必要性を相談します。この文例は、①でひと言相談したうえで、②で訪問看護指示書の依頼をする文章となっています。

③ 　状況説明です。医療的な事柄以外（環境や心情等）は、詳細に書く必要はないでしょう。

④ 　血圧など、具体的な数値を伝えられるものは記載しておくとよいでしょう。特にこの文例では、入浴可否の判断基準となる可能性もある情報です。相手に必要な情報を的確に伝えることが重要です。

⑤ 　結果に対する相談です。ここでは、ケアマネジャーが本人、家族の代弁をしています。利用者等の気持ちを代弁することは、ケアマネジャーの大切な役割のひとつです。

⑥ 　相談についてこちらが望む対応で、この手紙の本題です。相手が対応（判断）しやすいよう、明確に記載してください。

職種別文書作成のポイント　127

④ 主治医意見書についての連絡（区分変更）

　主治医意見書の記入依頼が届く前に、医師に区分変更申請に至った経緯を知らせる文例です。こうした機会も、医師との連携を図るきっかけとして活用できます。

中央病院
内科　鈴木正夫先生　御机下

拝啓
　時下、益々ご清祥のことと存じます。
　北部ケアマネジメントステーションの山田和子です。
　この度は、先生が主治医の南町125にお住いの西原春子様の主治医意見書についてご連絡①させていただきます。
　西原様は、今月に入ってから歩行状態が低下しており、排泄、入浴に介助が必要な状況が続いております。②
　本日○月○日訪問し、ご本人、長女様と相談し、介護度の区分変更申請をすることにいたしました。③つきましては、先生に主治医意見書をお願いいたしたく存じます。④
　なお、意見書の用紙は市役所より先生宛に郵送にて送られてまいりますので、記載のうえ、ご返送ください。⑤
　今後ともご指導のほど、よろしくお願い申し上げます。

敬具

2024年○月○日

　　　　　　　　　　　　　　　北部ケアマネジメントステーション　山田和子
　　　　　　　　　　　　　　　　　〒000-0000　北町3-5-15
　　　　　　　　　　　　　　　　　電話000-0000-0000　FAX000-0000-0000
　　　　　　　　　　　　　　　　　E-mail ＊＊＊@…ne.jp

■ ポイント

① 西原春子さんの件で何度かやりとりをしているこの場合には、連絡という形が適切です。ただし、初めて意見書をお願いする時などは「相談」としたほうがよいでしょう。

② 区分変更申請に至った経緯をきちんと報告します。単に、「区分変更しますので意見書をお願いします」だけでは連絡の意図が伝わりません。

③ 結果の報告です。②のような状態であることから、区分変更をすることになったという結果を伝えます。
④ ③を踏まえて、医師に実際に依頼する事柄です。この例では主治医意見書を書いてもらいたい、というのがこちらの依頼（本題）です。依頼内容は具体的に記載します。
⑤ 今後の流れの説明です。市町村や医療機関独自の取り決めなどがある場合は、必要に応じて記載しておくとよいでしょう。

⑤ 例外給付に関する依頼（軽度者に対する福祉用具レンタル）

　軽度認定の例外給付申請について相談する文例です。医師によっては介護保険制度になじみが薄く、例外給付までは把握していないこともあります。その点についての説明がポイントとなります。

中央病院
内科　鈴木正夫先生　御机下

拝啓
　時下、益々ご清祥のことと存じます。
　この度は、先生が主治医の南町125にお住いの西原春子様の福祉用具の例外給付についてご相談いたします。①
　3月頃から腰痛の悪化により布団からの起き上がり動作が困難となってきており、御主人からも介護負担が大きくなってきているとのご相談がありました。②
　起き上がり動作の補助として介護用ベッドのレンタルを検討しておりますが、西原様の要介護度は現在要支援2となっております。制度上、軽度（要支援1・2、要介護1）に認定されている方の介護ベッドの利用に関しては例外給付の申請が必要③です。
　つきましては、先生におかれましてご判断いただき、よろしければ同封の用紙に記載のうえ、北部ケアマネジメントステーション宛にご返信ください。④
　念のため、例外給付に関する資料を同封いたしますので、ご不明点などがございましたらご参照ください。⑤

敬具

2024年〇月〇日

---

② 主治医への文例

職種別文書作成のポイント　129

北部ケアマネジメントステーション　山田和子
〒000-0000　北町3-5-15
電話000-0000-0000　FAX000-0000-0000
E-mail＊＊＊@…ne.jp

■ ポイント

① まず相談の内容を明確にしています。
② 状況説明です。例外給付の場合、「夫の負担が大きくかわいそうなので」というような感情的な訴えになりがちです。客観的な情報を記載してください。
③④ 現状の問題と解決方法の提示です。どんな問題が生じているのか、そしてその状況の解決に向けて、相手に何をしてもらいたいのかを具体的に示します。
⑤ 制度に関する補足説明です。詳しい説明が必要な場合は公的機関のホームページ（各省庁、市町村等）や、解釈通知、Q＆Aなどを抜粋して同封するのもよいでしょう。資料の該当箇所には付箋やマーカーをつけておくと、こちらの意図がより伝わりやすくなります。

⑥　入浴の判断基準を主治医に確認する場合

　医師に医学的な見地からの指示や意見を求めると同時に、他職種からの依頼をケアマネジャーが医師に伝えている文例です。

中央病院
内科　鈴木正夫先生　御机下

拝啓
　時下、益々ご清祥のことと存じます。
　この度は、先生が主治医の南町125にお住いの西原春子様の入浴時の血圧の件でご相談いたします。①
　現在デイサービスにて週2回入浴を行っておりますが、ここ数回、入浴前の血圧が160mmHgを超えているとのことで②、先生に入浴可否の基準となる血圧についての指示をいただきたいと事業所より依頼がありました。③
　ご多忙とは存じますが、入浴時可否の基準となる血圧を、北部ケアマネジメント

ステーションまでお知らせくださいますようお願い申し上げます。
　なお、次回のデイサービスは〇月□日（月）となりますので、それまでにご連絡いただけましたら幸いです。④
　念のためデイサービスの連絡先も記載しておきます。⑤
　中央デイサービスセンター　担当　東山三郎
　電話0000－000-0000　FAX0000－000－0000

　　　　　　　　　　　　　　　　　　　　　　　　　　　　　　敬具

2024年〇月〇日

　　　　　　　　　　　　　　　北部ケアマネジメントステーション　山田和子
　　　　　　　　　　　　　　　　　　　　　〒000-0000　北町3-5-15
　　　　　　　　　　　　　　　　　　　　電話000-0000-0000　FAX000-0000-0000
　　　　　　　　　　　　　　　　　　　　E-mail ＊＊＊＠….ne.jp

■ ポイント

① 入浴時の血圧の相談であることが冒頭でわかります。このように本題をまず初めに書きましょう。「これこれこうで、ああなっています。なので、これをお願いします」のように本題が後ろにくると、内容がぼやけてしまいます。

② 医学的な判断の材料になる具体的な数値は記載しておきましょう。「血圧が高めの日が多い」では、医師も判断がつかず、回答に困るでしょう。

③ どこからどのような依頼があったのかを明確にします。ケアマネジャーからの相談ではない旨を明確にすることで、医師は相手を認識して対応できます。

④ 返信の希望期日を伝える文章です。相手の都合も配慮し、余裕をもった日程にしてください。期日までに返事がないと「入浴ができない」など利用者に不利益が生じるような場合は、その旨も書き添えておくとよいかもしれません。

⑤ 実相談者はデイサービス事業所です。医師が直接連絡を取れるよう、連絡先を記載するとよいでしょう。医師もデイサービス先も同じケアチームのメンバーなので、本来はケアマネジャーを通さずにお互いに連携できることがベストです。両者をつなぐ関係づくりもケアマネジャーの大切な役割です。

職種別文書作成のポイント

③ 歯科医への文例

① 歯科訪問診療の依頼

利用者の歯科診療について、初めて依頼する文例です。まだ関係が構築されていない相手には、医院名、医師名、自身の事業所名、名前ともに正式名称、フルネームで記します。

中央デンタルクリニック
中田冬子先生　御机下

拝啓
　時下、益々ご清祥のことと存じます。
　はじめてご連絡いたします。
　私は、北部ケアマネジメントステーションの山田和子と申します。
　この度は歯科訪問診療のご相談①でお手紙を差し上げております。診療をご希望されております方は、南町一丁目にお住まいの85歳女性、寝たきりで要介護4の方②です。
　主訴は義歯が合わないことによる食事の際の痛みです。③3年前に脳出血を起こして以来、ベッド上の生活となっています。疾患の管理は、さくら訪問診療所の小川花子先生が診られています。内服薬に関しては、別紙をご参照ください。④
　ご本人は、発語に障害がありますが、通常の会話は可能です。家族構成は夫、長男夫婦の4人暮らしで、日中は夫、長男妻が在宅しております。⑤
　簡単ではございますが、以上が診療希望者の情報です。
　ご検討いただき、対応の可否を山田までご連絡くださいますようお願いいたします。⑥
　なお、本人の氏名、住所等は後ほどお送りいたします。

敬具

2024年〇月〇日

北部ケアマネジメントステーション　山田和子
〒000-0000　北町3-5-15

電話000-0000-0000　FAX000-0000-0000
E-mail ＊＊＊@….ne.jp

■ ポイント

① 本題を冒頭で明確にします。例えば「私の利用者はこういう方で、こんな家族がいて、こういうサービスを使っている人ですが、歯科訪問診療を希望しています」のように、本題が最後にならないように気をつけてください。

② この段階では、個人情報保護の観点から実名などは伏せておいてもよいと思います。ただし、歯科医師と日ごろからコミュニケーションが取れている、また、受け入れ可能と思われる場合は明記してもかまわないでしょう。

③ 主訴です。アセスメントした情報をしっかりと明記してください。

④ 医療情報です。主治医が誰なのか、どんな薬を飲んでいるかは重要な情報ですので、明記してください。ケアマネジャーは医師と歯科医師をつなぐ役割もあるのです。

⑤ 家族の情報です。訪問した際に家族がいるかいないかは、入室できるか否かにかかわる情報です。正式に訪問が決まった場合には、住所や家屋の特徴なども伝えておきましょう。訪問する歯科医師に有効な情報として活用してもらえます。

⑥ 歯科医師に対応してもらいたい内容を明確に記載します。

Column

歯科医との連携について

　高齢者にとって歯科の問題は義歯、う蝕（虫歯）、摂食嚥下障害、構音障害など多岐にわたります。近年では「オーラルフレイル（口腔機能低下）」という言葉もメジャーになってきました。

　年齢とともに口腔機能も低下してくるのは当然であり、義歯や嚥下機能が原因で食事がしっかり摂れなくなり健康被害につながることやADL低下に伴いQOLも低下してしまう人もいます。

　食べることやコミュニケーションといった側面からも歯科医との連携は重要な項目といえます。

　また、2024年の報酬改定で「口腔連携強化加算」が新設されました。これは訪問系サービス及び短期入所系サービスにおいて、従業者が口腔の健康状態を確認し、利用者の同意を得て、歯科医療機関及びケアマネジャーにその状態を情報提供すること

で月に1回限り50単位が算定されます。

　そして必要に応じて歯科医師等や主治医に相談し、またリハビリテーション専門職と情報共有することで利用者の適切な口腔管理の実施につなげていきます。

　そのような際も「加算ありき」の連絡にならないようにしてください。

　また、食事を摂ること自体がQOLにつながる人も多くいます。

　皆さんも「今日のお昼は何を食べようかな〜」などと考えている時は至福の時ではないでしょうか？

　人間にとって食べるという行為は単に健康維持や栄養摂取のためではないのです。食べることが維持されれば通常1日3回、この幸せな時間を得ることができるのです。

職種別文書作成のポイント

訪問看護師（ステーション）への文例

① 状態変化時の連絡（FAX）

サービス事業所から報告を受け、訪問看護師へ伝達する文例です。

2024年○月○日

北部訪問看護ステーション　小川花子様

　お世話になります。北部ケアマネジメントステーションの山田和子です。
　南町にお住いの■■■■様の件で連絡です。①
　昨日□日午前中に入ったヘルパーより訪問時、<u>本人から「昨夜から頭が痛い。夕食は食べられなかった」と訴えがあったそうです。</u>②
　<u>ヘルパーの所見では特段変わった感じはなかったとのことですが、念のためご連絡いたします。</u>③

　以上、よろしくお願いいたします。

　　　　　　　　　　　北部ケアマネジメントステーション　山田和子
　　　　　　　　　　　　　〒000-0000　北町3-5-15
　　　　　　　　　　　　　電話000-0000-0000　FAX000-0000-0000
　　　　　　　　　　　　　E-mail ＊＊＊@…ne.jp

■ ポイント

① 最初に、このFAXが「連絡」であることを明確にします。
　FAX誤送信による個人情報の漏えい防止のため、住所と氏名にマスキングをしています。ただし、マスキングをすることで個人の確定が難しくなるので、FAX送信後に先方に電話して情報が正確に伝わったかどうかの確認が必要です。

② 本人からの訴えです。逐語に「　」を使うと、利用者の状況をそのまま伝えることができます。「「　」と本人から」ではなく、主語を前置きして「本人が「　」と言って

職種別文書作成のポイント　135

いた」とするほうが伝わりやすくなります。

③　ヘルパーの所見です。②同様、「特に変わった様子はなかったと、ヘルパーから」とするより、主語であるヘルパーを先に記載したほうがよいでしょう。

　②③とも、読み手の立場に立って考えてみるとよくわかると思います。書く側はすべてを知っている状態で書き始めますが、読み手側は何も知らない状態で読み始めるのです。「主語を明記する」「主語が先」は基本です。

②　サービス事業所からの対応依頼（FAX）

　デイサービス先からの相談を訪問看護師に伝え、ケアマネジャー宛に返事がほしいという対応依頼の文例です。看護師がデイサービスからの依頼を確認したうえで、ケアマネジャーに返事をするという流れを意識して書きましょう。

2024年○月○日

北部訪問看護ステーション　小川花子様

　お世話になります。北部ケアマネジメントセンターの山田和子です。
　南町の■■■■■様のデイサービス利用時の薬についてのご相談です。
　□日火曜日、訪問看護に入った際、デイサービスに持参する袋に、水曜日の昼分の薬を入れていただくことは可能でしょうか。①
　中央デイサービスの東山さんより②報告があり、昨日△日、昼食後にデイサービスで服用する薬を持参していなかったため、デイの職員が自宅に取りに行き服用してもらったとのことでした。
　最近ご本人にもの忘れが多く、夫も荷物の確認まではしないため、今後もこのようなことが続く可能性があると考えられます。③
　デイ前日に入る訪問看護師で対応可能でしたら、デイに持参する袋に薬を入れていただけると助かります。④
　まずは対応の可否についてお返事をお願いいたします。⑤

　　　　　　　　　　　　　北部ケアマネジメントステーション　山田和子
　　　　　　　　　　　　　〒000-0000　北町3-5-15
　　　　　　　　　　　　　電話000-0000-0000　FAX000-0000-0000
　　　　　　　　　　　　　E-mail＊＊＊＠….ne.jp

■ ポイント

① 最初に用件を伝えます。相手にどうしてほしいかを簡潔明瞭に記しましょう。
② 誰からの依頼かを明らかにしてから、依頼内容を具体的に記載します。
③ ケアマネジャーの見解です。デイサービス先からの報告と併せてケアマネジャー自身の考えを記載します。
④ これまでの経緯を説明したあとに、再度、依頼内容を記載します。
⑤ ケアマネジャー自身がどうしてほしいのかを明確にします。

③ 状態変化に対する相談（FAX）

　状態の変化に合わせた環境整備についてコメントをもらいたいという依頼の文例です。利用者の今後を予測するうえで医学的判断を仰ぎたい場合は、早急に医療者に連絡を取り、状況の悪化を予防しなければなりません。このように情報伝達を急ぐ場合は、郵送よりFAXのほうがよいでしょう。

2024年〇月〇日

北部訪問看護ステーション　小川花子様

　お世話になります。北部ケアマネジメントステーションの山田和子です。
　南町の〇〇〇〇様の床ずれに対する福祉用具の変更①についてご相談がありFAXいたしました。
　訪問入浴の担当者から仙骨部の床ずれが少し進行している②と、報告がありました。
　現在レンタルしているマットレスは体圧分散式型のマットレス③ですが、エアマットに変更④したほうがよいでしょうか。
　患部を確認いただき⑤、ご連絡くださいますようお願いいたします。

　　　　　　　　　　　北部ケアマネジメントステーション　山田和子
　　　　　　　　　　　〒000-0000　北町3-5-15
　　　　　　　　　　　電話000-0000-0000　FAX000-0000-0000
　　　　　　　　　　　E-mail＊＊＊@….ne.jp

ポイント

① このFAXが何に関する相談であるのかを明確にしています。
② 状態変化の説明です。誰からどのような報告や相談があったのかを明確にします。
③④ 現在の環境がどうなっているのかを説明したうえで、どうしたらよいかを相手に問いかけています。
　この文例では、相手の答えはYESかNOとなります。一方、「現在、体圧分散型を使用していますが、このままでよいでしょうか」という質問であれば、YES・NOに続く具体的な内容も考えてもらうことになります。
　どちらがよい悪いということではありませんが、文章次第で相手の回答も変わることを認識しておくとよいでしょう。
⑤ この相談に関して、相手に望む対応を明確に記載しています。ここをしっかりと書くことで、相手は求められていることが具体的に把握でき、負担軽減にもつながります。

④ 医師への情報伝達を依頼する（FAX）

本来、直接医師に連絡を取るべきですが、医師との連携はハードルが高いとつい躊躇してしまうケアマネジャーもいます。慣れないうちや担当医との面識がない場合は、医師との連携ができている訪問看護師などに協力を求めるのもひとつの方法です。

2024年○月○日

北部訪問看護ステーション　小川花子様

　お世話になります。北部ケアマネジメントステーションの山田和子です。
　南町の◯◯◯◯様の件でご報告とご相談①がありFAXいたします。
　今朝、長女さんより電話があり「昨夜から本人の様子がおかしい」とのことでしたので、訪問してきました。②
　私が受けた感じでは、意識レベルがいつもより少し弱く、発語があいまいという印象でした。③
　長女さんの話では「昨日は食事もあまり摂れておらず、尿もほとんど出ていない」とのことです。④
　長女さんには、鈴木先生に連絡して状況を伝えるように話しましたが、小川様からも鈴木先生にご一報いただけると大変助かります。⑤⑥
　お手数おかけいたしますが、よろしくお願い申し上げます。

北部ケアマネジメントステーション　山田和子
〒000-0000　北町3-5-15
電話000-0000-0000　FAX000-0000-0000
E-mail ＊＊＊@….ne.jp

■ ポイント

① 報告と相談の2つが入っています。このような場合、それぞれの内容をきちんと整理したうえで記載しないと全体がぼやけてしまうので、注意が必要です。

② 時系列に記載していきます。情報の発信元をわかりやすくするために長女の発言を「　」で表記しています。登場人物が多くなる場合は、誰が何を話したかを明確にしてください。

③ ケアマネジャーが受けた印象を記載します。意識レベルに関して「少し弱い」という表現になっています。具体的な記載のほうが相手はわかりやすいのですが、意識レベルは血圧や熱などのように簡単に数値化できません。そのような場合は、程度を表現しましょう。痛みであれば、「ズキズキ」や「締め付けるように」などの表現でもよいでしょう。

④ 情報発信の主は長女なので「　」を用いて記載しています。これにより、ケアマネジャーの意見と長女の発言を明確に区別することができます。

⑤ 本来ケアマネジャーがすべき主治医への情報提供を、代わりに看護師にお願いするので「ご一報ください」とはせず、丁寧な表現で記載します。

⑥ 家族に対して医師への連絡を促すこともケアマネジャーの大事な役目です。

職種別文書作成のポイント

⑤ リハビリ職への文例

① 訪問リハビリの内容について（FAX）

訪問リハビリを担当している理学療法士への相談の文例です。

この FAX の意図は、他のサービス提供事業所（この文例ではデイサービス）からの報告を共有し、効果的な訪問リハビリを実施することです。

デイサービス先からの報告が、訪問リハビリという他のサービスにも有効な情報として活用されるのです。

2024年〇月〇日

北部訪問看護ステーション　小川花子様

　お世話になります。北部ケアマネジメントステーションの山田和子です。
　南町の███様の外出動作について①のご相談です。
　現在デイサービスを週2回利用されていますが、デイサービス先から送迎時、玄関前の階段と玄関の上がり框(かまち)の段差の昇降に以前より時間がかかるようになってきている②との報告がありました。
　現在、訪問リハビリにて自宅内歩行と排泄動作の練習をしているところと思いますが、外出動作をご確認いただき、動作の改善や環境整備などについて提案がありましたらご連絡ください。③
　また、デイサービス先よりデイ施設での排泄動作には特別問題はない④との報告も受けております。

　　　　　　　　　　北部ケアマネジメントステーション　山田和子
　　　　　　　　　　〒000-0000　北町3-5-15
　　　　　　　　　　電話000-0000-0000　FAX000-0000-0000
　　　　　　　　　　E-mail ＊＊＊＠….ne.jp

■ ポイント

① 相談の内容です。訪問リハビリを行っている理学療法士に何を相談したいのか、はっきりさせましょう。
② デイサービススタッフが感じた利用者の変化です。ここでは外出時の動作についての情報を伝えています。
③ 理学療法士への依頼です。利用者の生活動作を確認してもらい、さらに必要があればプランの見直しなどの助言を求める内容です。
④ 現在訪問リハビリで取り組んでいる排泄動作のリハビリが、デイサービス先でどのように活きているかを報告しています。今回の相談に直接関係する事柄ではありませんが、このような情報提供をすることで、各サービス事業所の支援内容に連動性があることを確認・共有できます。

② 嚥下機能に対する訪問リハビリでの対応について（FAX）

　訪問リハビリを担当している言語聴覚士に、嚥下機能と食事の形態などに関する助言を求める文例です。高齢者にとって、嚥下機能の低下は大きな問題ですが、食事に関してはヘルパーや家族が対応することが多いので、状況の変化や対応を医療者に伝えることは、ケアマネジャーが果たすべき重要な役割のひとつです。

2024年〇月〇日

中央病院　大木夏美様

　お世話になります。北部ケアマネジメントステーションの山田和子です。
　南町の〇〇〇様の嚥下機能低下と食形態について①ご相談です。
　本日ヘルパー事業所より報告があり、「水分摂取の際、時折むせ込みが見られるようになった。食事介助の際に誤嚥が心配」②とのことでした。水分のトロミの要否の評価やアドバイス③などあればご指示いただきたいと思います。
　また現在、食形態は柔飯、おかずは一口大にしていますが、食形態についてもアドバイスをいただければ、ヘルパーに調理時の対応④として依頼します。
　お手数ですが評価のうえ、山田までご連絡⑤ください。

　　　　　　　　　　　北部ケアマネジメントステーション　山田和子
　　　　　　　　　　　　　　　〒000-0000　北町3-5-15
　　　　　　　　　　　電話000-0000-0000　FAX000-0000-0000
　　　　　　　　　　　　　　　E-mail ＊＊＊@….ne.jp

ポイント

① 相談内容を具体的に記載します。最初に用件を明らかにすることで、相手はその後に続く状況の理解がよりスムーズになります。

②③ 専門職としての評価やアドバイスを求めています。誰に、何をしてほしいのかを明確にすることで、多職種間の連携が有効に機能していきます。

④ 言語聴覚士のアドバイスがどのように現場に活かされるのかを記載しています。アドバイスが今後の展開にどうつながるのかを示すことで相手の検討を促し、より的確なアドバイスを期待できます。

⑤ FAXをもらった言語聴覚士がどこの誰に返事をすればよいのかを明確にします。ヘルパー事業所に直接返事をしてもらうほうがよい内容であれば、ヘルパー事業所の連絡先、担当者などを記載しましょう。

Column

バーンアウトしないために

私はケアマネジャーという仕事に特有の孤独を感じることがあります。それは他の介護保険サービスと違って、ケアマネジャーと利用者の間にある一対一の関係性からくるものではないかと思っています。例えば、訪問介護や訪問看護であれば自分が利用者宅に行けない場合は、他の誰かが訪問してくれます。デイサービスや施設でも、自分が休みの日は他の誰かが対応してくれるでしょう。しかし、ケアマネジャーは原則、他のケアマネジャーが自分の担当する利用者宅を訪問して面談したり、サービス担当者会議を開催したりということはありません。

ケアマネジャーは、担当する利用者のケアマネジメントを1から10まで常に「ひとりで」やり遂げなくてはならないのです。そこにケアマネジャーの孤独を感じるのです。

あなた自身は今、そのようなことで悩んだり、苦しんだりしていませんか。

「ケアマネジャーの苦しみはケアマネジャーにしかわからない」。私はそう思っています。仕事で行き詰まった時、その悩みを打ち明け、共有できるのは同じ仕事をしているケアマネジャー以外にはいないと思っています。

地域の中で同じ悩みを共有できるケアマネ仲間をぜひつくってください。そして、お互いにバーンアウトすることなく、ケアマネジャーという仕事を長く続けていきましょう。

職種別文書作成のポイント

⑥ 薬剤師への文例

① 薬剤管理の報告

　薬剤師に挨拶を兼ねて状況を報告する文例です。他の職種同様、初回の挨拶文は利用者（患者）の誤認がないよう、住所、氏名を明記できる郵送がよいでしょう。

　薬剤師による居宅療養管理指導は年々増えてきています。パーキンソン病、糖尿病、腎臓病、末期がんなどに対しては不可欠な職種といえますので、しっかりコミュニケーションを図りましょう。

中央薬局
中本幸枝様

拝啓
　時下、益々ご清祥のことと存じます。
　はじめてご連絡いたします。北部ケアマネジメントステーションの山田和子と申します。
　この度は、貴薬局が居宅療養管理指導を算定しておられる南町125にお住いの西原春子様の内服状況についてご報告いたします。
　現在パーキンソン病に関する薬を、7時、11時、15時、19時に服用されています。デイサービスに行かれる水曜、土曜に関しては11時と15時の薬を持参し、デイ先にて服用①されています。持参薬に関してはデイサービス前日に入るヘルパー、看護師がデイサービスの袋に入れており、今のところ、持参するのを忘れることはありません。
　現状はこのような体制で内服を管理②しております。
　利用先のデイサービス、薬のセットにかかわるヘルパー事業所、訪問看護ステーション③は以下の通りです。
　・中央デイサービスセンター　担当：東山三郎様　0000-000-0000
　・中央訪問介護　担当：北田友子様　0000-000-0000
　・北部訪問看護ステーション　担当：小川花子様　0000-000-0000
　以上、簡単ではございますがご報告いたします。④

> ご不明な点などがありましたら、お手数ですがご連絡ください。
>
> 敬具
>
> 2024年○月○日
>
> 北部ケアマネジメントステーション　山田和子
> 〒000-0000　北町3-5-15
> 電話000-0000-0000　FAX000-0000-0000
> E-mail ＊＊＊@….ne.jp

🔴 ポイント

① 自宅以外での管理方法を記載しています。パーキンソン病薬のように定時の服用が必要な薬に関しては、いつ、誰が服薬の管理をするかを関係者で情報共有しておくことが大切です。

② 現状の管理方法の話はここまでという区切りの文です。区切りのあとにさらに管理方法の内容などを追加してしまうと、まとまりがなくなります。

③ 今後、連絡を取り合うことも可能なように、関係先を記載しておくとよいでしょう。特に、デイサービスからは直接連絡することも想定されます。事前情報として施設名や担当者の名前がわかっていると対応がスムーズです。

④ 内容全体をまとめる一文を入れておくと、おさまりがよくなります。

職種別文書作成のポイント

⑦ MSW（医療ソーシャルワーカー）への文例

① 入院時情報提供の例

　利用者が入院した際の病院への情報提供は、単にもっている情報を送ればよいということではありません。重要なのは、相手が医療機関であることを理解したうえで、ケアマネジャーがもつ情報の中から、先方に有用な内容を的確に提供することです。

　アセスメントシートや居宅サービス計画書を「情報提供」と考えているケアマネジャーもいますが、あまり役に立っていないようです。実務レベルでは下記の文例程度でよいでしょう。

　市町村や病院などからの書式がある場合は、それに従ってください。

中央病院　医療相談室
岡本次郎様

拝啓
　時下、益々ご清祥のことと存じます。
　はじめてご連絡いたします。
　私は、北部ケアマネジメントステーションの山田和子と申します。
　この度、〇月〇日救急にて、貴病院の呼吸器内科に入院された西原春子様の在宅での状況について情報を提供いたします。①
　西原様は長男と二人暮らしの方です。ADLは比較的自立②していたのですが、半年ほど前から労作時の呼吸苦の訴え③が聞かれはじめ、入浴は訪問看護で対応しておりました。
　搬送時の様子ですが、長男さんが仕事から帰宅した際、本人の呼吸がおかしいとのことで搬送に至っています。④
　西原様はふだんから物静かな方⑤で、リビングで新聞や本を読まれて過ごすことが日課でした。

家屋環境は、自宅玄関から公道まで15段ほど階段があり、居室も2階にあります。この度の入院でADL、IADLが低下することと、退院にあたっては環境整備等が必要⑥になることが想定されます。
　　長男さんは仕事をしながら家事なども含め、西原様に献身的にかかわっておられます。長女さんもおられますが、遠方のようでほぼかかわりはありません。⑦
　　経済的には特に問題はないようです。⑧
　　以上、簡単ではございますが、入院時の情報提供とさせていただきます。
　　退院前にカンファレンスなどありましたら⑨ぜひお声がけいただけますよう、よろしくお願いいたします。

敬具

2024年○月○日

北部ケアマネジメントステーション　山田和子
〒000-0000　北町3-5-15
電話000-0000-0000　FAX000-0000-0000
E-mail ＊＊＊@…ne.jp

■ ポイント

① 病院では1日に多くの入退院があるので、入院日がわかると該当する患者を見つけやすくなります。氏名に加え、住所、生年月日を明記することが望ましいでしょう。

② 入院した利用者の「生活状況」です。詳細に書くと情報が多くなり、MSWが必要な情報を取得することが難しくなります。あくまで「主たる」と思う情報に絞って記載するのがよいでしょう。

③ 今回の入院に関係がありそうな事柄に絞り、簡潔に記載しています。②同様、詳細な記載は不要です。

④ 入院経過です。この文書の目的に該当する大切な部分なので、②の前にこの内容がきてもよいかもしれません。MSWがこの利用者の入院自体を把握しているか否かで、そこは変わってきます。既に把握しているのなら、②の前に④が入ったほうが伝わりやすいでしょう。把握の程度が不明な場合は、この順番のほうがよいでしょう。

⑤ 利用者の具体的な情報を記載します。情報量は多すぎてもあまり役に立ちません。逆に「物静かな方」という本人の全体像に関する情報のほうが、現場で対応する職員（看護師等）には大切です。

⑥ 環境に関する情報です。状態によっては退院前に対応が必要だということを説明しています。事前に情報を提供しておくことで、退院調整に介入しやすくなります。

⑦ 家族関係についての情報です。病院がこのような情報を聞き取るのは難しい面があるので、プライバシーに配慮しながら、情報提供するとよいでしょう。MSWは、病院内

ではケアマネジャーに近い立場です。それを踏まえて、情報を選別、提供してください。
⑧ 利用者の経済状況に関する情報です。病院にとって、入院患者の経済力は見逃すことのできない重要な情報です。介護保険の負担割合などの情報も参考として記載するとよいでしょう。
⑨ 退院前カンファレンスの開催を求めています。ケアマネジャーは、カンファレンスに積極的に参加して医療者と顔を合わせる機会をつくり、今後の地域連携に役立てましょう。

② 退院後の経過報告

退院前カンファレンスが開催され、利用者が自宅に戻った設定での例文です。
報告という形での連携は、信頼関係を構築していくためにもよい方法です。退院後の報告はぜひ行いたいものです。

中央病院　医療相談室
岡本次郎様

拝啓
　時下、益々ご清祥のことと存じます。
　先日の西原春子様の退院前カンファレンスでは大変お世話になりました。
　先週月曜日、無事退院されましたので退院後の経過をご報告いたします。①
　訪問看護に関しては引き続き、北部訪問看護ステーションが入り、毎週水曜日、状態観察と入浴介助を実施しています。
　リハビリの継続にはデイケアを調整し、○月○日に見学に行くことになっております。
　環境整備に関しては、カンファレンスで話のあった介護ベッドの利用は見送り、既存のベッドで、サイドに置き型の手すりを設置することで対応しています。②
　退院後まだ一週間程度ですが、今のところ大きな問題もなく順調に在宅生活を再開③しておられます。
　簡単ではございますが、退院後の様子をご報告いたします。
　今後ともどうぞよろしくお願いいたします。④
　　　　　　　　　　　　　　　　　　　　　　　　　　　　　　　敬具

2024年○月○日

```
                北部ケアマネジメントステーション　山田和子
                                〒000-0000　北町3-5-15
                        電話000-0000-0000　FAX000-0000-0000
                                    E-mail ＊＊＊@….ne.jp
```

■ ポイント

① 退院後の経過報告の文章です。急ぎの用件ではないので、FAX ではなく郵送がよいでしょう。

② 退院後のサービス内容の報告です。ケアプランを送付することも考えられますが、退院後の詳細な情報は病院としては必要がない可能性もあります。受け取る立場で考え、提供する情報は最小限＋α程度に留めるのがよいでしょう。

③ 病院、ケアマネジャー双方にとって一番重要なポイントです。いくら連携がスムーズにいっても、望ましい結果にならなければ意味がありません。
　カンファレンス開催の意義は、退院後の生活を問題なく送るためです。カンファレンスが有益であったと伝えることはお互いの成功体験になります。成功体験の共有は次の連携にも必ず活きるはずです。

④ 今後につながる一文を最後に添えて結びます。

Column

MSWはケアマネジャーの強い味方

　近年、在宅診療を専門に行う医師も多くなってきており、介護保険制度が始まった当初に比べると、医師との連絡も取りやすくなりました。とはいえ、まだまだ医師との連携はケアマネジャーにとっては高いハードルであるといえます。特に、病院勤務の医師とはなかなか連絡が取りにくいものですが、そんな時、強い味方となってくれるのが MSW です。

　MSW は、私たちと同じ相談職なので、ケアマネジャーに近い感覚をもっている方が多くいますし、退院調整や転院、施設との交渉など外部との連携（やり取り）に長けています。在宅診療を積極的に行うクリニックで MSW を見かけることも多くなりました。医療機関との窓口である MSW と顔の見える関係をつくるようにしましょう。勤務医に意見書の依頼をしたり、訪問看護指示書の依頼をしたり、例外給付の用紙記載を依頼しなくてはならない時など、大きな力になってくれるでしょう。

職種別文書作成のポイント

⑧ 地域包括支援センターへの文例

虐待の報告

地域包括支援センターの主任ケアマネジャーへ宛てた例文です。

虐待の報告を例文として挙げます。虐待にはさまざまな内容のものがありますが、身体的虐待が疑われるケースで、地域包括支援センターへ報告する場合の例文を挙げます。

2024年〇月〇日

地域包括支援センター　小林主任ケアマネジャー

　この度は小〇希〇様①の体にあるあざの件でご報告いたします。

　現在、週2回のデイサービスと週1回の訪問看護が入り、入浴支援等を行っています。今月に入ってからデイサービス 、看護師から両腕にあざが目立つとの報告がありました②。

　先週月曜日に私が訪問した際も袖口に内出血の痕が見てとれました。本人は「どこかにぶつけた」と話しておられ「痛くはない」と言っていました③。

　その他、外傷的な物は見当たらず、同居する妻からも特に変わった様子はないと話しておりました。長男夫婦は今まで通り週末に顔を見せてくれているとの話でした。

　現時点では少し経過を見てよいと思いますが、折を見て同行訪問などしていただきたいと思います④。
　また、内容については看護師から主治医へ連絡してもらい、次回受診時に確認してもらえるようになっております。

以上、簡単ではございますがご報告させていただきます。

2024年〇月〇日
北部ケアマネジメントステーション　原田保
〒000-0000　北町3-5-15
電話000-0000-0000　FAX000-0000-0000
E-mail　＊＊＊@….ne.jp

ポイント

① あえてフルネームを避けるなどして個人情報、プライバシーに十分配慮します。
② どのような経路からどのような情報があったのか、時期、部位、状態などをなるべく具体的に報告しましょう。
③ 例えば「私は身体的虐待だと思っています」など、実際に確認が取れていないことを主観や想像で記載することは絶対にしないようにしましょう。
④ 地域包括支援センターへの同行依頼も併せて行いましょう。
⑤ あえて内容をぼかすような文章で連絡する場合は、あとで口頭での補足を行うことが大切です。
⑥ 「虐待」という言葉は使わないなど、万が一、このFAX（文章）を本人や家族が目にする可能性も含めて、リスクマネジメントをしておくことが重要です。

職種別文書作成のポイント

⑨ 緊急時・災害時の利用者・家族への文例

BCPについて

　新型コロナウイルスのような感染症に限らず、昨今増えている異常気象や地震などの自然災害時においても私たちはサービス提供を止めることなく事業を継続していかなくてはなりません。BCPとはBusiness continuity planningの略で事業継続計画を指し、事業を継続していくためのマニュアル的なものです。

　2021年度の介護保険制度改正で、介護サービス事業所にはこのBCPの策定が3年間の経過措置をもって義務化されました。

　ここで一考しなくてはならないのはいわゆる「ひとりケアマネ事業所」の場合です。私のまわりにもひとりケアマネは少なくありません。コロナ禍では、あるひとりケアマネさんから「自分が新型コロナウイルスに罹患し業務に支障が出てしまった時、利用者への対応を協力してもらえないか」と相談を受けました。私といくつかの事業所で、そのような緊急時にお互いに業務を代行したりアドバイスをしあう体制をつくりました。

　このように地域の中での協力体制やネットワークの構築、利用者への書面通知などもBCPといえるのではないでしょうか。有事にどれだけの対応ができるかは、平時にどれだけの準備をしていたかにかかっています。まずはさまざまな緊急事態を想定し、会社・事業所として検討しておくことが重要です。

緊急時の利用者・家族へのサービス利用に関する例文

　感染予防の観点から、利用者、家族に対して、事業所としての対応やサービス利用についての検討や意思確認を促す文例をご紹介します。

ご利用者・ご家族様へ
　　　　新型コロナウイルス感染拡大に伴う対応について

職種別文書作成のポイント　151

新型コロナウイルス感染拡大に伴い皆様の健康を第一に考え、以下のような対応、取り組みを実施させていただきますとともにサービス利用に対しご一考くださいますようお願いいたします。①

①〇年1月より当面の間（〇年3月31日までを想定しています）②、皆様からご要望があればケアマネジャーの定期訪問を控えることが可能です。
　ケアマネジャーの訪問を当面控えたほうがよろしければ申し付けください。③
　その期間のご利用者の状態確認についてはお電話でお伺いいたします。
　注）通常通りの訪問も可能です。

②通常通り訪問させていただく際は一般予防感染対策として出勤時の検温を行い、ご自宅入室時の手指消毒、マスクの着用を徹底いたします。
　なお、訪問時間は極力15分以内とさせていただきますことをご了承ください。④

③職員の感染対策として公共の乗り物を使って出勤するスタッフについては、〇年3月●日までを目途に時差出勤を行いますことをご了承ください。⑤営業時間内の連絡、取次は通常通り行います。

④サービス利用に関しては一時的に中止することや回数を減らすことも可能です。
　サービス利用がご不安な方は遠慮なくご相談ください。
　例）デイサービスの回数を減らす。一時的にヘルパーの利用を控える。　など⑥
＊なお、政府、行政等からの発表、指示があった場合はそれに従い対応いたします。⑦

上記内容を確認しました。

　　　　　　　　　　　　　年　　月　　日　　　　　　　　　　　　印⑧

※ご不明な点は山田までお電話ください。
　一日も早く事態の終息と皆様が感染しないことを心より祈念しております。

　　　　　　　　　　　　　　　　北部ケアマネジメントステーション　山田和子
　　　　　　　　　　　　　　　　　　　〒000-0000　北町3-5-15
　　　　　　　　　　　　　　　　　　　電話000-0000-0000　FAX000-0000-0000
　　　　　　　　　　　　　　　　　　　E-mail＊＊＊＠….ne.jp

■ ポイント

① はじめに事業所からの告知であることを明確にし、提案があることをわかるようにします。

② 対応の期間は明確にします。
③ 利用者の権利についてもふれ、断ることができることを伝えます。
④ 事業所やケアマネ個人の具体的な対策についても明示しましょう。
⑤ 事業所の具体的な対策を通知し、その理解を求める文章も示します。
⑥ 利用者の不安感に配慮し、具体的な対応策を示しておくとよいでしょう。
⑦ 想定外の事態が起きた場合、どのような対応を取るかについてもふれておきます。
⑧ 説明をしたことを記録として残すことも大切です。

「災害時、他事業所との個人情報の共有に関する同意書」の例文

　事業所の被災等により自社のケアマネジャーでの対応が困難になった場合、他の事業所のケアマネジャーに協力を要請するなどの対策を講じる場合を想定した文例をご紹介します。

ご利用者及びご家族様へ
事業所の被災時における個人情報の取り扱いについて

　当事業所の被災等により一時的に業務にあたれなくなった場合、<u>利用者様の介護サービスが円滑に継続できるよう</u>以下に挙げる居宅介護支援事業所に個人情報の提供をさせていただき、<u>業務の協力を依頼する</u>ことになります。①
＊提供する情報は利用者様が介護保険サービスを継続すること以外には利用いたしません。

【<u>情報提供及び協力依頼先</u>】②
・○○ケアサービス
・サービス○○横浜
・ケアプランナー○○
・○○ケアプランステーション

【<u>提供させていただく情報（内容）</u>】③
1. 提供する情報は主に介護保険証及び介護保険負担割合証に記載されている内容
2. 利用している介護サービスの内容（居宅サービス計画書等）
3. 主治医意見書に記載されている情報と病歴、内服薬
4. ご家族等の連絡先
5. その他ご利用者様が介護保険サービスを継続するために必要と思われる情報

---

⑨ 緊急時・災害時の利用者・家族への文例

以上、ご理解のほどよろしくお願いいたします。

上記説明について個人情報の使用を了承いたします。

　年　月　日

　　　　　　　　　　　　　　　　　　　　　　氏名

■ ポイント

① 　個人情報の利用の目的を明確にし、事業所としての方針を利用者に説明します。
② 　個人情報をどこに提供するのかを示します。
③ 　提供する個人情報の内容を示します。

Column

災害時の個人情報の取扱いについて

　2024年1月1日、穏やかな新年の雰囲気の中、能登半島地震のニュースが日本中を震撼させました。

　また、同年8月8日の宮崎県日向灘を震源とする地震により南海トラフ地震臨時情報「巨大地震注意」が発表されたり、災害への意識も急速に高まっております。

　「個人情報とプライバシー」（P39）では、個人情報の取得や第三者提供にあたって「利用目的、提供先を明確にする」とお伝えしました。この2点において契約時には、災害時にどのように利用し提供するかを文書で同意を取っておくのが一番よい方法だといえます。

　例えば「災害時等利用者の生命の安全を確保するために個人情報を利用します」「避難所のスタッフ等専門機関以外のスタッフにも個人情報を提供する場合があります」などの一文を重要事項説明書や契約書にうたっておくこともよいでしょう。

　個人情報保護法には下記の規定があります。
　（第三者提供の制限）
個人情報保護法第27条第1項（抜粋）

個人情報取扱事業者は、次に掲げる場合を除くほか、あらかじめ本人の同意を得ないで、個人データを第三者に提供してはならない。
　一　法令に基づく場合
　二　人の生命、身体又は財産の保護のために必要がある場合であって、本人の同意を得ることが困難であるとき

　また、第三者提供の制限の原則について「「個人情報の保護に関する法律についてのガイドライン」に関するQ＆A」（個人情報保護委員会）では、下記のように示されています。
・法文上、「あらかじめ」と規定されていますが（法第18条第1項、法第27条第1項）、その具体的な時期については限定されておらず、個人情報を取得する際に、同時に、第三者提供をすることについての同意を得ることも可能であること（QA7-7）
・必ずしも第三者提供のたびに同意を得なければならないわけではなく、例えば、個人情報の取得時に、その時点で予測される個人データの第三者提供について、包括的に同意を得ておくことも可能であること（QA7-8）

　なお、上記の「人の生命、身体又は財産の保護のために必要がある場合であって、本人の同意を得ることが困難であるとき」とは、下記の例が挙げられます（「医療・介護関係事業者における個人情報の適切な取扱いのためのガイドライン」P10）。
・大規模災害等で医療機関に非常に多数の傷病者が一時に搬送され、家族等からの問い合わせに迅速に対応するためには、本人の同意を得るための作業を行うことが著しく不合理である場合
　ぜひ覚えておいて欲しいことは、個人情報保護法の第1条には「個人情報の適正かつ効果的な活用が新たな産業の創出並びに活力ある経済社会及び豊かな国民生活の実現に資するものであることその他の個人情報の有用性に配慮しつつ、個人の権利利益を保護することを目的とする」と書かれていることです。
　有事の時は特に初動が重要になります。利用者やその家族にとっての有用性に配慮し個人情報を使えるように事業所として契約段階からの準備が必要ということです。

⑨ 緊急時・災害時の利用者・家族への文例

職種別文書作成のポイント　155

おわりに——これ以上、ケアマネジャーがぞんざいに扱われない社会に！

「もうこれ以上ケアマネジャーをぞんざいに扱わないでください。現職である先輩として社会へのお願いです。本当にケアマネジャーをやる人がいなくなります。世間や審議会等では低賃金が問題視されています。それも当然ですがそれだけでは無いと感じております。」

2023年12月、国会議員、厚生労働省の方々が出席した社会保障制度調査会の席で私がプレゼンテーションした時の最後のスライドの一部です。

2000年の介護保険制度施行当初、私たちケアマネジャーは制度の要として花形職種でした。キャリアアップ職として多くの介護職から憧れをもたれていました。毎年の受験者数は右肩上がり、業界の多くの人がケアマネジャーになることを目指していました。しかしながら、2024年8月現在、ケアマネジャーの有効求人倍率は4倍を超えているといわれています。

人材不足の理由は、資格取得までの道のりが長い、給与が安い、事務作業が多い、更新制度が大変、さまざまな要因が挙げられています。このような問題を解決する方法として、受験要件を下げよう、加算を付けて給与を上げよう、ケアプランデータ連携システムやAIケアプランなどを活用して事務負担を減らそう、更新制度を見直そう、などさまざまな声があります。

一方で、今、ケアマネジャーになりたい、やってみたいという人はどれほどいるのでしょうか？あくまで感覚値ではありますが、介護保険制度施行当時と比べれば、激減といってよい状況ではないでしょうか？

なぜでしょうか？ひとつにはケアマネジャーには「シャドーワーク」といわれる報酬にならない仕事が山ほどあるからだと考えます。私としては報酬がない時点で仕事ではありません。

例えば、独居の人の安否確認や受診・入院・退院時の付き添いや手続き代行、近年では新型コロナワクチンの接種予約や付き添い、マイナンバーカードの本人証明のための署名などです。

これらは今までは家族が担ってきた「役割」です。核家族化が進み家族システム自体が大きく変わってしまった現代において、この「役割」の多くがケアマネジャーにのしかかっています。我々からすると一方的に社会から課せられた役割なのです。

むろん利用者が困ることを手伝う気持ちはありますが、私たちは契約のもとに仕事

をしています。本来であれば独居だとか身寄りがないとか経済的に厳しいといった理由で、業務内容において他の利用者との間に不公平があってはならないはずです。

「ケアマネジャーなのだからやってくれて当たり前」——こういった社会の目がケアマネジャーを「憧れをもたれない職種」にしてしまったように感じています。介護保険制度施行時のように憧れをもたれ、胸を張って「私はケアマネジャーです」といえる職種にしていきたい。

冒頭のプレゼンでの訴えもそもそもはこのシャドーワークの問題点を提起するものでした。現在、厚生労働省では「ケアマネジメントに係る諸課題に関する検討会」が開催されており、そのなかで「ケアマネジャーの業務範囲の整理」がなされています。

介護保険制度も社会資源のひとつにすぎなくなっています。だからといってケアマネジャーの本質は制度上の位置づけも含めて何も変わっていません。

社会が一方的に期待する「役割」を今まで頑張ってきたケアマネジャー、現在、頑張っているケアマネジャーがやむを得ず担ってきた、担っているにすぎないのです。

ケアマネジャーの精神労働は非常にタフです。制度の縛りの中で業務をこなしながら多くの役割を背負わざるを得ず、時に行政から責められることすらあります。このような職業に憧れをもてというのは無理があります。

私が感じている限りでは、現職の方々はケアマネジャーの仕事が大好きで、胸を張って「私はケアマネジャーです」という人が多いです。

ケアマネジャーは嫌な仕事じゃない。私はそう思っています。ケアマネジャーをもう一度憧れる職業へ。私はそう願っています。

10年後のケアマネジャーがぞんざいに扱われない社会をつくっていくことは現職の私たちにしかできないのです。未来に向けて希望あるケアマネジャー像をつくることもできますが、逆のケアマネジャー像をつくってしまいかねないのです。今の仕事の仕方を振り返ってみて、「介護保険制度におけるケアマネジャーの本当の役割とは何か」をしっかり自ら問い直してみることは非常に重要です。1人のモラルや1人の仕事が10年後のケアマネジャーの地位を築いていくのです。

2024年11月

原田　保

著者紹介

原田　保（はらだ　たもつ）
介護支援専門員　居宅介護支援事業所ケアプランナーみどり代表

2000.4　ケア・プランナー長谷川医院にてケアマネジャー業務を開始
2003.4　ケアプランナーみどりを開設
2005.4　神奈川区ケアマネクラブ会長に就任
2009.5　横浜市介護支援専門員連絡協議会代表（3期6年）に就任
2015.5　横浜市介護支援専門員連絡協議会制度対策員長（1期2年）に就任
2024.5　神奈川区居宅介護支援事業所管理者会を設立し代表に就任

サービス・インフォメーション

──────── 通話無料 ────────

①商品に関するご照会・お申込みのご依頼
　　　　TEL 0120(203)694／FAX 0120(302)640
②ご住所・ご名義等各種変更のご連絡
　　　　TEL 0120(203)696／FAX 0120(202)974
③請求・お支払いに関するご照会・ご要望
　　　　TEL 0120(203)695／FAX 0120(202)973

●フリーダイヤル（TEL）の受付時間は、土・日・祝日を除く
　9：00〜17：30です。
●FAXは24時間受け付けておりますので、あわせてご利用ください。

書ける！伝える！連携する！
円滑なチームケアのためのケアマネ文章術　改訂3版

2024年11月30日　初版発行

著　者　　原　田　　　保
発行者　　田　中　英　弥
発行所　　第一法規株式会社
　　　　　〒107-8560　東京都港区南青山2-11-17
　　　　　ホームページ　https://www.daiichihoki.co.jp/

CM文章3改　ISBN 978-4-474-02217-1　C2036 (8)

編集協力　（有）七七舎／装丁　原田恵都子（Harada+Harada）